79

Schachlektionen

für ein erfolgreiches und unterhaltsames Training

Frank Oltman

2007

 Schachverlag ULLRICH

Oltman, Frank
79 Schachlektionen für ein erfolgreiches und unterhaltsames Training
ISBN   978-3-940417-00-8
@ 2007 by Schachverlag ULLRICH

Printed in Germany

Schachverlag Ullrich
Zur Wallfahrtskirche 5
97483 Eltmann
Tel. 09522-304580
Fax 09522-304590
www.schachverlag-ullrich.de

Umschlagbild von Bernd Besser aus www.schachbilderwelten.de

Inhalt

	Erläuterungen	6
	Einleitung / Ein kurzer Exkurs zum Schachtraining	7
1	Die Partie für's Guinness Buch der Rekorde	10
2	Sinnlose Attacke	12
3	Viele Namen, ein Ergebnis – das Legal Matt	13
4	Die Legal-Falle in modern	15
5	Blinder Bauernraub mit dem Springer	16
6	Turmendspiel – leichter gewonnen als gedacht!	17
7	Ignoranz wird prompt bestraft!	18
8	Der russische Reinfall	19
9	Großer Ärger auf der kleinen Diagonalen	20
10	Der Beweis für die Ungläubigen	22
11	Das Eröffnungsrezept des Apothekers	24
12	Der Damiano Konter – Strafe für schematisches Spiel	26
13	Ärger mit der Fesselung	27
14	Ein spätes Schäfermatt verhilft zum Sieg	29
15	Das Königsgambit – alt, aber nicht verrostet!	31
16	Tückische Falle im Damengambit	33
17	Patzerzug oder cleverer Trick?	34
18	Der verrückte Damenausfall	35
19	Ein toller Plan	36
20	Wir wünschen wohl zu speisen: Der vergiftete Bauer	37
21	"Todsichere" Aufbauten	38
22	Nachschlag: Fischer – Reshevsky 1958	40
23	Am seidenen Faden – oder am Gummiband!	41
24	Unglaubliche Rettung	42
25	Die Tücken der Fesselung – aber für wen?	43
26	Das "Erstickte Matt"	44
27	Vom langweiligen Beginn zur schnellen Aktion	47
28	Der Zentrumsfeger	48
29	Zu viele Bauernzüge verderben die Partie	49
30	Verblockte Bauern und ein Durchbruch	50
31	Durchbruch durch die Kette	52
32	Falscher Geiz und verkrampfte Stellungen	53
33	Eine Falle, die mit Vorsicht zu genießen ist!	55

34	Anastasias Matt	57
35	Doppelbauern – oft besser als ihr Ruf!	60
36	Die spanische Flügelzange	63
37	Ist ja logisch!	64
38	Keine Luft für His Majesty	65
39	Der Klassiker auf der kurzen Diagonalen	66
40	Auf schrägem Wege wandeln	67
41	Weg von der Theorie – mit Skandinavisch	68
42	Eröffnungsexperimente – aber aufgepasst!	71
43	Strafe für den Angstzug	72
44	Geben ist seliger den Nehmen	73
45	Angstzug, Überraschung & Doppelschach	74
46	Zu kompliziert gedacht, vom Gegner ausgelacht	76
47	Die englische Vielfalt	77
48	Patt verkehrt rum	78
49	Am Boden zerstört mit Boden's Matt	79
50	Angriff und Gegenangriff	82
51	Réti und Morphy, die Kreativen	83
52	Blinder Eifer kostet den Sieg	85
53	Bauernaufstand	87
54	Läufer, die schrägen Killer!	88
55	Im Kreuzfeuer des Läuferpaars	90
56	Alles zu seiner Zeit	91
57	Nimm den richtigen!	92
58	Doppelt hält besser!	93
59	Rochade oder nicht?	95
60	Verfrühte Fesselung	96
61	Nicht rächen, einsperren!	97
62	Läufer gegen Bauer	98
63	Hart zur Sache mit Froms Gambit	99
64	Absperren und gewinnen	100
65	Offene Linien, das A & O von Taktik und Strategie	102
66	Duell Dame gegen Bauern	106
67	Ärger im Doppelpack auf der 7.(2.) Reihe	107
68	Im Griff der Zwickmühle	108
69	Wenn zwei das gleiche tun ...	110
70	Opposition ist alles	111

71 Die goldene Brücke   112

72 Die eigene Figur eingeengt   113

73 Der Brückenkopf auf der offenen Linie   114

74 Patzer sieht Schach, gibt Schach ...   115

75 Gefahr auf der Grundreihe   116

76 Letzte Rettung PATT!   120

77 Wunschdenken   122

    Kleiner Ratschlag: Fehler und wie wir an ihnen wachsen

78 Das Loch auf g7 und seine Folgen   123

79 Und zum Schluss der Durchblicker - Test   125

79a Lösung   127

Erläuterungen

Wenn nicht anders angegeben ist stets Weiß am Zug.

Die Haupt- oder Partievariante ist stets fett gedruckt angegeben, Varianten sind in normaler Schrift aufgeführt, Untervarianten kursiv gedruckt.

Ein kursiv und fettgedruckter Zug (Beispiel: *Ta8–d8*) ist ein alternativer Zug oder der Beginn einer alternativen Variante.

Manchmal ist die schwächere Variante als Hauptvariante angegeben, z. B. ein Matt in 3 Zügen, das aber durch Materialverlust vermieden werden kann. Dies geschieht aus Gründen der Veranschaulichung und Verdeutlichung des Prinzips, das der Stellung zugrunde liegt.

Spielen Sie bitte auch die Nebenvarianten sorgfältig durch. Diese sind oft ebenso lehrreich wie die Hauptvariante und vermitteln zusätzliche Kenntnisse über Methoden und Plänen.

Aus Platzgründen konnten manchmal nicht alle Varianten angegeben werden, aber der Leser wird die fehlenden Fortsetzungen leicht selber finden. Bei sehr einfachen Varianten, die auch ein unerfahrener Schachspieler leicht selber finden kann, wurde auf diese bewusst verzichtet.

Für die Bewertung von Zügen und Stellungen werden folgende Zeichen verwendet:

?	=	schwacher Zug, Fehler
??	=	schwerer Fehler
!	=	starker Zug
!!	=	sehr starker Zug
=	=	ausgeglichene Stellung / Remisendspiel

Es gibt noch eine ganze Reihe weiterer Bewertungszeichen, die aber auf dieser Ebene in der Regel keine Rolle spielen und daher nicht verwendet wurden.

Einleitung

Dieses Buch ist sowohl für Autodidakten als auch für Trainer gedacht. Unerfahrene Spieler wissen noch sehr wenig über Technik und Methoden des Schachspiels in allen Partiephasen und durch diesen Mangel an Kenntnissen verlieren sie meistens ihre Partien. Darum wird hier ein breites Spektrum an Themen angeboten, damit möglichst schnell etwas Wissen über alle Phasen der Partie vermittelt werden kann. Was nützt es, wenn man sich nur mit Endspiel befasst und schon in der Eröffnung verliert? Oder nur Eröffnungen studiert und nach gutem Start im Mittel- und Endspiel grobe Fehler macht? Außerdem ist ein breitgefächertes Training interessanter und abwechslungsreicher als ein einseitig ausgerichtetes – und das hilft auch, einfacher zu lernen und besser zu behalten, denn was interessiert und Spaß macht, ist keine lästige Aufgabe und fällt somit viel leichter.

Lesern, die noch sehr wenig Schacherfahrung haben, sollten möglichst mit den ersten Lektionen beginnen, da diese etwas leichter sind und die taktischen Momente, die in ihnen erklärt werden, Basiswissen darstellen. Für Leser mit etwas mehr Schacherfahrung dagegen spielt die Reihenfolge, in der die Lektionen angeschaut werden, keine besondere Rolle. Jeder kann sich entweder ihn interessierende Themen herauspicken oder das Buch von Anfang bis Ende durcharbeiten, wie es ihm beliebt oder seine Zeit und Möglichkeiten zulassen.

Für Trainer sei empfohlen, zu jedem Trainingstag ein Thema anzubieten. Ist nur wenig Zeit übrig, dann eben nur ein Minitraining von vielleicht 10 Minuten, für die umfangreicheren Themen sollte man zumindest eine halbe bis eine Unterrichtsstunde einplanen. Die Schüler sollten nach jedem Trainingstag das Gefühl haben, wieder etwas Neues gelernt zu haben und wieder ein Stück weiter gekommen zu sein. Das hält ihr Interesse am Schach und ihre Motivation sich zu verbessern wach.

Es empfiehlt sich außerdem, nach einigen Wochen einige Fragen zu den zuvor behandelten Themen zu stellen oder eine der Aufgaben zu wiederholen, damit nicht alles Erlernte schnell wieder vergessen wird. Jeder Pädagoge weiß um die Wichtigkeit der Lernkontrolle und das Wiederholung unerlässlich ist.

Optimal ist natürlich, wenn sich ein praktischer Bezug zum Lernstoff herstellen lässt. Verliert einer der Schüler z. B. eine Endspielstellung oder eine taktische Position und Sie können danach eine entsprechende Lektion auswählen und vorführen, wird sein Interesse wie auch das seiner Kameraden wesentlich größer sein als das normalerweise der Fall wäre.

Auf den folgenden Seiten noch ein kurzer Exkurs über Schachtraining, der dem interessierten Leser helfen soll, seine Spielstärke zu steigern und so erfolgreicher das schönste Spiel der Welt zu praktizieren.

Ein kurzer Exkurs zum Schachtraining

Die meisten Laien haben keine Vorstellung davon, dass man Schach überhaupt trainieren kann. Und selbst viele Klubspieler trainieren kaum jemals oder glauben, regelmäßige Blitzpartien seien ein ausreichendes Training. Blitzspielen macht zwar Spaß und man lernt als unerfahrener Spieler dabei in kurzer Zeit viele verschiedene Eröffnungen kennen, aber es genügt als Training alleine keineswegs.

Wir können das Training in drei Phasen unterteilen:

1.) Die **Wissensaneignung** (Eröffnungstheorie, Endspieltechnik, taktische Motive ("Tricks"), strategisches Wissen (Pläne, wie bestimmte Stellungen zu behandeln sind usw.)

2.) Die **Entwicklung und Verbesserung unserer eigenen Fähigkeiten** (Konzentration, Vorausberechnen von Varianten im Kopf, schnelleres und gezielteres Einschätzen von Stellungen durch methodisches Vorgehen, aber auch Geduld, Selbstbeherrschung und das Verarbeiten von verpassten Chancen und von Niederlagen);

3.) Das **regelmäßige Praktizieren** des Schachspiels, damit die erworbenen Kenntnisse und Fähigkeit nicht wieder verblassen. Dies ist besonders bei Eröffnungstheorie und Spieltechnik wichtig. Blitzspielen alleine reicht dafür nicht, auch eine Mindestanzahl von Turnierpartien gegen zumindest annähernd gleichstarke oder bessere Gegner ist erforderlich. Der Computer ist eine große Hilfe!

Selbst der talentierteste Schachspieler kommt heute ohne etliches Wissen nicht mehr aus. Das beginnt mit einfachen Merkregeln wie "Springer am Rand bringt Schand" oder "Die Türme gehören hinter die Freibauern", über taktische "Tricks" wie typische Mattangriffe und einfache Endspieltechniken und betrifft ganz besonders die Eröffnungstheorie. Einige Dutzend Endspielstellungen, vielleicht hundert bis zweihundert taktische "Tricks" und ein paar Dutzend allgemeine Leitlinien für die Spielführung sind zumindest erforderlich. Dazu kommt einiges Wissen über die bevorzugte Eröffnungen und ihre wichtigsten Varianten (zumindest für die ersten 6-8 Züge) sowie ein Grundwissen über die Eröffnungen, die der Gegner gegen unsere Lieblingseröffnung anwenden kann (oder als Weißer selber ins Spiel bringen kann, z.B. 1.d2-d4). Einiges wird der Leser in diesem Buch finden, anderes (und vor allem die Eröffnungstheorie) wird er jedoch in anderen Büchern suchen müssen.

Neben diesem Wissensfundus sind aber unsere eigenen Fähigkeiten genau so wichtig. Das Gehirn reagiert in gewisser Weise ähnlich wie ein Muskel. Wird es häufig benutzt, steigt seine Leistungsfähigkeit. Wird es wenig benutzt, verkümmert es in den betroffenen Bereichen. Wer häufig versucht, Varianten aller Art im Kopf zu berechnen, wird bald erleben, dass dieses anfangs mühselige Geschäft von Tag zu Tag besser und leichter geht. "Sieht" man anfangs nur wenige Züge voraus und nach 2,3 oder längstens 4 Zügen verschwindet die Variante im geistigen Nebel, ist es selbst Anfängern bald möglich, im Rahmen ihrer Möglichkeiten erstaunlich weit vorauszuberechnen. Gleichzeitig steigert dies die Konzentrationsfähigkeit, eine weitere wichtige Komponente der schachlichen Leistungsfähigkeit.

In unserem Buch sind wesentlich mehr Diagramme als normalerweise üblich. Das sollte den Leser ermuntern, so oft wie möglich die Lektionen (zumindest die einfacheren) ohne Verwendung eines Schachbretts zu verfolgen oder dies wenigstens zu versuchen, bevor er sich mit Nachspielen auf dem Brett Gewissheit verschafft.

Ein zwar eher psychologischer, aber dennoch sehr wichtiger Punkt ist die Objektivität bei der Beurteilung eigener Partien. Hat man gewonnen, darf man sich selbstverständlich über seinen Sieg freuen, sollte aber nicht vergessen, in der Analyse nach dem Kampf das eigene Spiel kritisch zu durchleuchten. Hättet man noch schneller, besser, einfacher gewinnen können? Hätte sich der Gegner besser verteidigen können? Hat der Gegner mögliche Angriffschancen nicht genutzt? Der nächste Gegner ist vielleicht spielstärker und erfahrener als der gerade besiegte, da mag ein unkritisches Herangehen ans eigene Spiel zu einem anderen, weniger erfreulicheren Ergebnis führen.

In ähnlicher Weise sollte man auch Niederlagen ver- und bearbeiten. Eine emotionslose, nüchterne Betrachtung, was schief gegangen ist und wie es hätte besser gemacht werden können ist erforderlich, um aus der Niederlage zu lernen und eventuell begangene Fehler für die Zukunft auszuschließen. Auch das eigene Verhalten muss man hinterfragen. War ich zu optimistisch in der Einschätzung der Chancen? Zu leichtsinnig in der Bewertung der gegnerischen Angriffschancen? War ich zu ungeduldig oder zu ängstlich? Wer sich offen und ehrlich über seine eigenen Fehler Gedanken macht, kann seine Schwächen konzentriert angehen und vermeiden.

Der Computer ist heute ein wertvolles Hilfsmittel bei der schachlichen Weiterentwicklung. Ob als geduldiger Spielpartner, der sich nie beklagt und stets zur Verfügung steht, oder als Experte, dessen Analysemodul Stellungen zuverlässig beurteilt, alternative Züge aufzeigt und Fehler demaskiert, die Palette der Anwendung für Training und Praxis ist vielfältig. Wer regelmäßig gegen ein Schachprogramm spielt, dabei Eröffnungen ausprobiert, Züge – wenn die Stellung verloren ist oder in eine Sackgasse führt – zurücksetzt und erneut versucht, gute Fortsetzungen zu finden, wird sich erheblich verbessern. In diesem Buch wird manchmal empfohlen, Stellungen in den Computer einzugeben und gegen ihn auszuspielen, um sowohl Sicherheit in der Abwicklung zu gewinnen als auch Gefühl für den richtigen Plan und das Machbare zu entwickeln.

In diesem Sinne viel Spaß bei der Lektüre!

1 Die Partie für's Guinness Buch der Rekorde

Die kürzeste Partie, die je in einem Meister-
turnier gespielt wurde (abgesehen natürlich
von Kurzremisen), fand 1924 in Paris in der
damaligen Französischen Meisterschaft
statt. *

1.d2–d4 ♘g8–f6 2.♘b1–d2 *(D1)*

Kein berauschender Zug, aber spielbar.
Weiß kann sich in geschlossenen Stellungen einiges leisten. Der Springer sollte vermutlich den Vorstoß e2–e4 unterstützen,
ohne den c–Bauern zu verstellen, was aber
nach 2...d5 nicht viel bringen würde.

Naheliegender wären wohl 2.c2–c4 oder
2.♘g1–f3 gewesen.

2...e7–e5

Nur ein Scheinopfer, Schwarz bekommt den
Bauern auf Dauer zurück und hat nun Linien
für Dame und Läufer geöffnet.

3.d4xe5 ♘f6–g4 4.h2–h3?

Weiß macht einen typischen Anfängerfehler:
Er vertreibt eine Figur, die ohnehin gerade
gehen wollte! Und h3 ist ganz gewiss kein
Entwicklungszug. Sinnvoll wäre gewesen:

4.♘g1–f3 ♗f8–c5 5.e2–e3

(Diese Stellung schauen wir uns im An-
schluss an die Partie an, siehe *D4*)

5...♘b8–c6 6.♘d2–c4

(6.♘d2–b3 ♗c5–b6)

6...b7–b5 7.♘c4–d2 a7–a6 mit Ausgleich.

4...♘g4–e3! *(D3)* Hier gab Weiß auf, denn
er wird Matt oder verliert seine Dame:

5.f2xe3

5.♘g1–f3 verhindert zwar das Matt, aber
nach ♘e3xd1 6.♔e1xd1 ist die Lage hoff-
nungslos.

5...♛d8–h4+

6.g2–g3 ♛h4xg3#

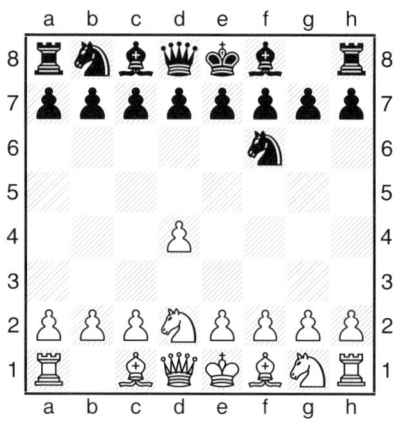

Gibeau - Lazard nach 2.♘b1–d2

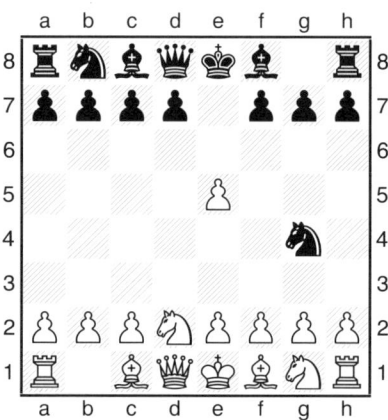

D2 nach 3...♘f6–g4

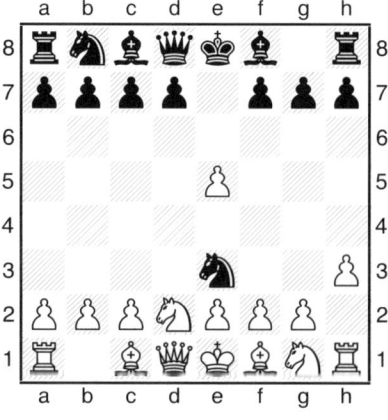

D3 nach 4...♘g4–e3

Nach **5.e2–e3** *(D4)* (gegen die Drohung
♝c5xf2#) setzte in der Analysenvariante
Schwarz mit 5...♞b8–c6 fort. Die weiße
Königsstellung scheint fest zu sein, was
aber nur bedingt stimmt, es ist nämlich er-
staunlicherweise

5...♝c5xe3 möglich. Weiß muss gut aufpassen, denn **6.f2xe3?** ist keine gute Idee.
Nach 6...♞g4xe3 7.♛d1–e2 ♞e3xc2+
8.♚e1–d1 ♞c2xa1

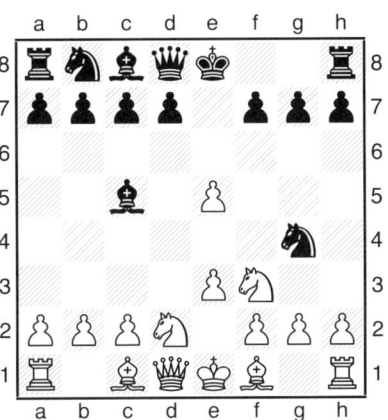

D4 nach 5.e2–e3 (Analyse)

hat Weiß nur den Läufer bekommen, aber
einen Turm und einen Bauern verloren und
kann auch nicht mehr rochieren. Ob er den
Springer bekommt ist noch ungewiss und
selbst das Standardmanöver b2–b3 und
♝c1–b2 würde ihn durch ♞a1–b3 noch
einen Bauern kosten.

Die richtige Verteidigung ist:

6.♞d2–e4 *(D5)* **♝e3xc1**

7.♛d1xc1 [♖a1xc1 wäre schwächer, da die
Dame von c1 besser ins Geschehen eingreifen kann als von d1.

7...♛d8–e7   8.♛c1–f4 mit ungefähr Ausgleich. Ein unerfahrener Spieler würde vermutlich nun die weiße Stellung vorziehen,
die etwas einfacher zu spielen ist.

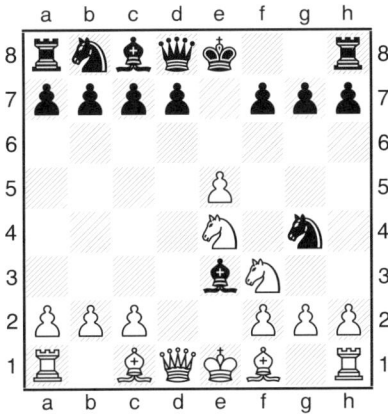

D5 nach 6.♞d2–e4

Kritische Leser mögen jetzt vielleicht einwenden, warum man sich denn
überhaupt mit einer Variante befassen soll, die nichts bringt oder am Ende
sogar für den Gegner etwas angenehmer ist?

Nun, zum einen ist es absolut wichtig, <u>alle</u> taktischen Möglichkeiten einer
Stellung zu erkennen, gleichgültig, ob sich diese letztlich als spielbar oder
nicht erweisen. Nur wenn wir taktische Ansätze erst einmal sehen, können
wir mit der Variantenberechnung ansetzen und gezielt prüfen, ob und welche Möglichkeiten sich eventuell ergeben, was verwertbar ist.

Zum anderen ist manchmal eine Variante oder ein Opferangriff nicht sofort
anwendbar, kann aber vielleicht durch vorbereitende Züge und Manöver
später angewendet werden. Haben wir erst einmal Motiv und Ansatz erkannt, finden wir viel leichter den passenden Weg dorthin.

---

* Nach anderen Quellen handelt es sich nur um eine freie Partie, die Schachhistorie ist sich in diesem Fall
nicht ganz sicher.

2 Sinnlose Attacke

1.e2–e4 c7–c5 Die beliebte Sizilianische Verteidigung. Ihre Idee ist, den c–Bauern gegen den wertvolleren d–Bauern abzutauschen. In den folgenden Zügen gliedert sich Sizilianisch in viele verschiedene Systeme und die Theorie zu dieser umfangreichen und komplexen Eröffnung dürfte eine fünfstellige Anzahl von Druckseiten füllen.

2.♘g1–f3 d7–d6 3.d2–d4 *(D1)* **c5xd4 4.♘f3xd4 ♘g8–f6 5.♘b1–c3 g7–g6 6.♗c1–e3**

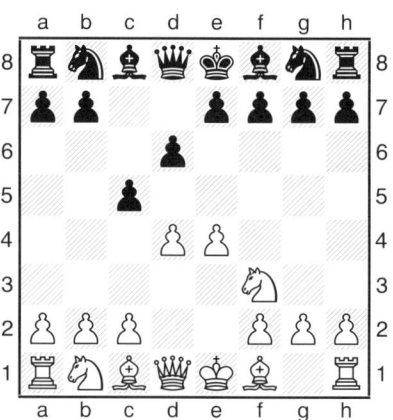

D1 nach 3.d2–d4

Soweit ist alles in Ordnung und die Stellung ist ausgeglichen. Schwarz sollte jetzt Lf7–g7 spielen und anschließend rochieren.

6...♘f6–g4? *(D2)* dagegen ist ein verfrühter und schwacher Vorstoß. Abgesehen von den Tempoverlusten (der Springer hat, wenn er tauscht, 3 x gezogen, der Läufer nur 1 x) würde der Abtausch die f–Linie öffnen und die weißen Angriffschancen gegen die Rochadestellung verbessern. Es ist aber noch Schlimmeres im Busch:

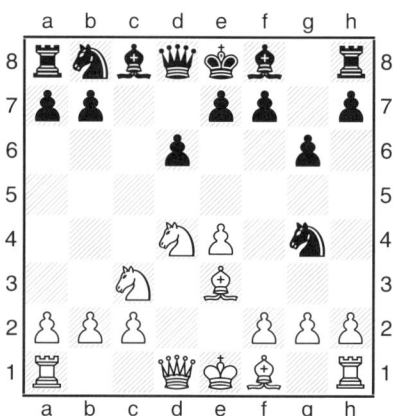

D2 nach 6...♘f6–g4?

7.♗f1–b5+ und Schwarz hat ein Problem.

Mit **7...♗c8–d7** begibt sich der Läufer in eine Fesselung und kann somit den Sg4 nicht mehr decken, was durch **8.♕d1xg4** zu dessen sofortigem Verlust führt.

7...♘b8–c6 *(D3)* löst das Problem auch nicht wirklich, denn nach **8.♘d4xc6 b7xc6 9.♗b5xc6+ ♗c8–d7 10.♗c6xa8** hat Weiß Qualität und Bauer gewonnen und sollte die Partie längerfristig gewinnen.

Allgemein sollte man so schnell wie möglich rochieren und dann erst – wenn überhaupt – Ausfälle erwägen.

Verfrühte Vorstöße sind nicht nur unnütz, sondern oft auch gefährlich.

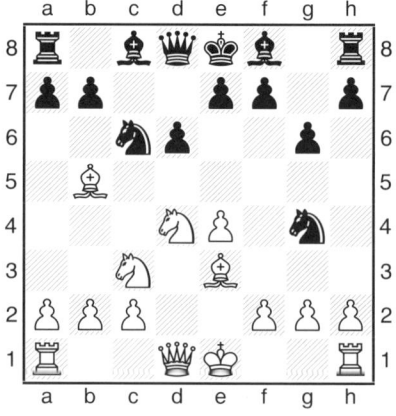

D3 nach 7...♘b8–c6 (Alternative)

3 Viele Namen, ein Ergebnis - das Legal Matt

Heute wollen wir uns eine klassische Falle anschauen, die mehrere Namen hat, aber immer zum gleichen überraschenden Ende führt – oder zumindest zum Partieverlust.

Sir Kemur de Légal, der Lehrmeister des großen Schachmeisters und Komponisten Philidor, verblüffte seine Gegner viele Jahre lang bei Partien im damals berühmten "Café de la Régence" in Paris immer wieder mit seiner Falle. Natürlich wurde um Einsatz gespielt und so wurde es dem noblen Herrn nie zu langweilig, auf die gleiche, schnelle und lukrative Weise zu gewinnen. Ihm zu Ehren wird dieser "Eröffnungstrick" auch "Légal-Matt" genannt, in angelsächsischen Ländern ist es eher als "Blackburne Falle" nach dem englischen Meister James Henry Blackburn (1841–1924) bekannt und in Deutschland schließlich als "Seekadetten-Matt" (weil die Springer wie die Seekadetten bei der Parade aufgereiht sind). In Legals Partie gegen den Chevalier de Saint Brie, 1750 in Paris, fing alles ganz harmlos an:

1.e2-e4 e7-e5 2.♗f1-c4 *(D1)*

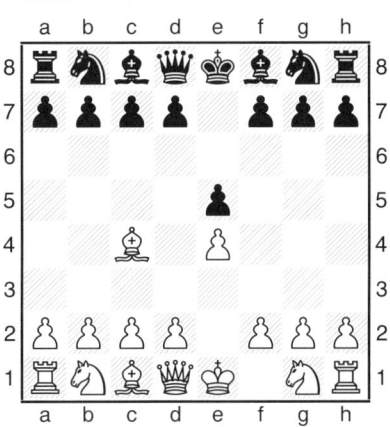
D1 2.♗f1-c4

Das Königsläuferspiel, das leicht durch Zugumstellung in andere Eröffnungen einmündet und heute keine eigenständige Bedeutung mehr hat.

2...d7-d6 Ein etwas passiver Zug, der den ♗f8 einschließt und auch allgemein nicht viel für die Entwicklung tut, aber kein Fehler.

3.♘g1-f3 g7-g6 *(D2)* Dieser Zug leistet kurzfristig nichts für die Entwicklung; 3...♗f8-e7 oder ♘b8-c6 wären normale Entwicklungszüge gewesen.

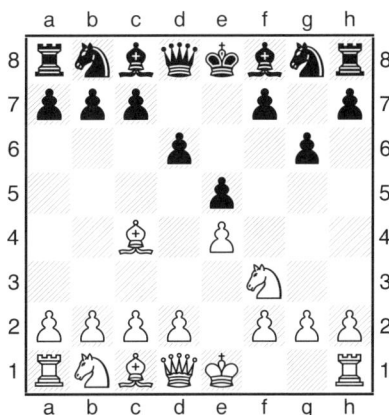
D2 nach 3...g7-g6

3...♘g8-f6 dagegen lässt **4.♘f3-g5** *(D3)* zu, was scheinbar ein Fehler ist, bei richtigem Spiel aber weit weniger gefährlich als es aussieht: 4...d6-d5 5.e4xd5 h7-h6.

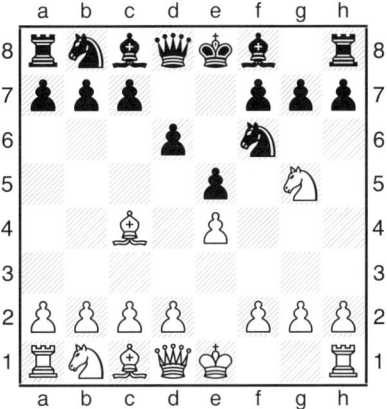
D3 nach 4.♘f3-g5 (Analyse)

[Direktes Schlagen ist allerdings nicht gut: 5...♘f6xd5 6.♕d1-f3 (Doppelangriff auf den Springer und das Mattfeld f7) 6...♕d8xg5 7.♗c4xd5 (mit einer Art Doppelangriff auf die Bauern b7 und f7) 7...♕g5-g6 8.♗d5xb7 ♗c8xb7 9.♕f3xb7 ♕g6-c6 und Weiß steht besser] 6.♘g5-f3 e5-e4 7.♕d1-e2

Dennoch ist von Sf6 abzuraten, denn Schwarz kann sich mit den anderen Entwicklungszügen sicherer aufbauen.

4.♘b1-c3 ♗c8-g4 *(D4)* Unerfahrene Spieler lieben die Fesselung, auch wenn sie gar nichts einbringt. Nach 5.h3 müsste Schwarz den Läufer wegziehen oder abtauschen, da ihm der Zug Lh5 verwehrt ist. Selbst ein Doppelbauer, den Schwarz hier kaum herbeiführen kann, würde Weiß nicht schaden, da er noch lang rochieren und die offene g-Linie danach nutzen könnte. Hier aber ist der Zug nicht nur schlecht, sondern katastrophal und entscheidet sofort die Partie:

5.♘f3xe5 *(D5)* Der Springer greift den Läufer und den Punkt f7 an und öffnet die Diagonale d1-g4 für die Dame.

5...♗g4xd1??

[Die Ablehnung 5...d6xe5 6.♕d1xg4 oder wohl etwas besser der Rückzug 5...♗g4-e6 6.♗c4xe6 f7xe6 7.♘e5-f3 verhindert das Matt, aber Weiß hat einen Mehrbauern bei komfortabler Stellung. Die Annahme des Opfers aber wird sofort exemplarisch bestraft:

6.♗c4xf7+ ♔e8-e7 7.♘c3-d5# *(D6)*

In dieser Partie hat die Summe kleiner Fehler oder Schwächen (passiver Aufbau, Finachetto g6, kein Springerzug, unsinnige Fesselung, allgemein Tempoverluste) zum frühen Nachteil und Verlust geführt.

Man übersteht einen kleinen Fehler, aber nicht mehrere davon hintereinander!

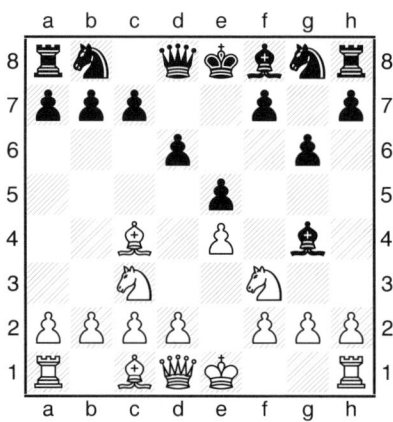

D4 nach ♗c8-g4

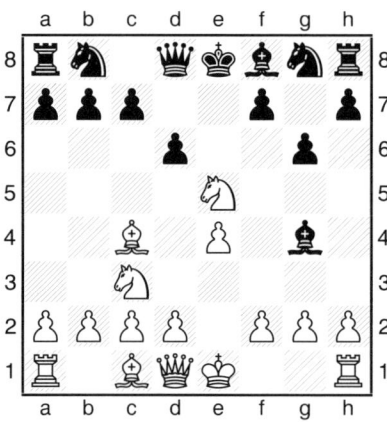

D5 nach 5.♘f3xe5

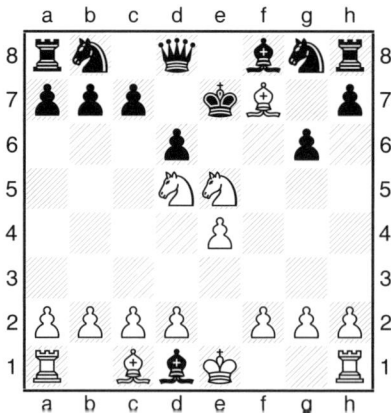

D6 Endstellung nach 7.♘c3-d5#

4 Die Legal-Falle in modern

Nach dem Durchspielen der Legal-Partie schüttelt vielleicht ein junger Leser verächtlich den Kopf und murmelt: "So plumpe Fallen kann man heute gar nicht mehr anbringen, dafür sind die Eröffnungen viel zu gut geworden!"

Es heißt, wer nichts aus den Fehlern der Geschichte lernt, ist dazu verdammt, sie ständig zu wiederholen. Unsere Stellung *(D7)* hier ist viel moderner als die Partie von 1750, Schwarz hat auch vernünftigerweise Sf6 gezogen. Ein Seekadetten Matt wäre so nicht mehr möglich, aber nach

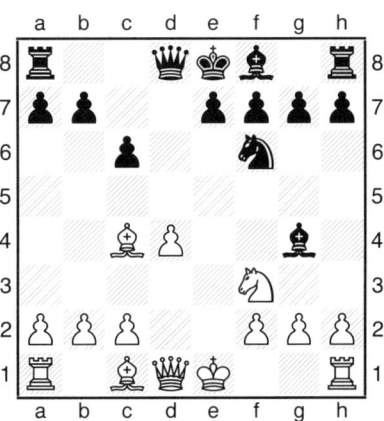

D7 "Legal liegt in der Luft"

1.♗c4xf7+

1...♚e8xf7 2.♘f3−e5+ *(D3)* **♚f7−g8/e8**
3.♘e5xg4 mit Mehrbauer und besserer Stellung.

Die alternative Möglichkeit **1.♘f3−e5** *(D3)* spielt auch auf Falle, denn auf **1...♗g4xd1** folgt sogleich **2.♗c4xf7#;**

1...♗g4−h5 scheint das Mattfeld f7 zu decken, führt aber zu einer bösen Überraschung: **2.♕d1xh5!** Weiß braucht keine Dame mehr, er setzt ja Matt! **2...♘f6xh5 3.♗c4xf7#.**

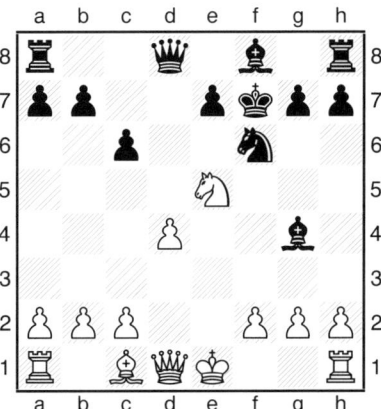

D8 nach 2.♘f3−e5+

1...e7−e6 verliert einfach eine Figur.

1...♗g4−e6 ist die einzig brauchbare Fortsetzung. **2.♗c4xe6 f7xe6 3.c2−c3** bringt Weiß zwar keinen Bauern ein, aber eine ganz angenehme Stellung, was man von Schwarz wirklich nicht behaupten kann.

Die wesentlichen Elemente der Legal-Falle sind *eine Drohung auf f7, verbunden mit einem Abzug aus der Fesselung* (oder umgekehrt) **mit Doppelangriff**, der die Diagonale für die Dame öffnet. Dies kann in ähnlicher Weise sogar in völlig anderen Eröffnungssystemen vorkommen und zumindest zu Materialgewinn führen.

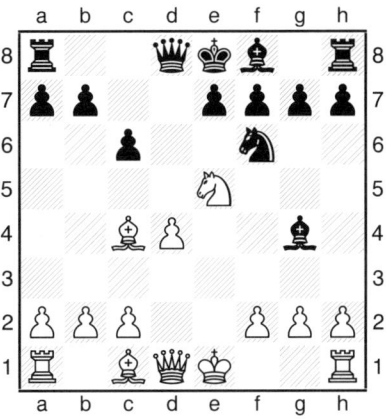

D9 nach 1.♘f3−e5 (Mattfalle)

5 Blinder Bauernraub mit dem Springer

1.e2−e4 c7−c5 2.d2−d4 *(D1)*

Üblicherweise bereitet Weiß den Vorstoß des d−Bauern mit 2.♘g1−f3 vor.

Nach 2...♘b8−c6 3.d2−d4 c5xd4 4.♘f3xd4 kann Schwarz mit 4...d6, e6, g6 oder Sf6 alles mögliche ziehen und damit in die verschiedenen Systeme der Sizilianischen Verteidigung einlenken.

Schwach wäre 4...♘c6xd4 5.♕d1xd4, denn nun steht die weiße Dame im Zentrum und kann kurzfristig nicht vertrieben werden]

2...c5xd4 3.♘g1−f3 e7−e5 *(D2)*

Ein Patzerzug, der einen Bauern einstellt?

Nein, Schwarz stellt eine Falle. Springerausfälle in der frühen Eröffnungsphase sind gefährlich, wenn der Gegner Möglichkeiten zu Damenausfällen mit Schach hat, denn das sind oft Doppelangriffe. Und so ist es auch hier:

4.♘f3xe5 ♕d8−a5+ *(D3)*

Doppelangriff auf König und Springer.

5.c2−c3 d4xc3

[5...♕a5xe5 6.♕d1xd4

(6.c3xd4 ♕e5xe4+)

6...♕e5xd4 7.c3xd4 und Weiß hat zwar das "Idealzentrum", was ihm allerdings mit einer Minusfigur nicht viel helfen wird]

6.♘b1xc3

[6.♘e5−c4 c3xb2+ 7.♘c4xa5 b2xa1♕]

6...♕a5xe5 und Schwarz sollte gewinnen.

Also Vorsicht, wenn der Gegner scheinbar einen Bauern oder eine Figur einstellt. Nicht immer ist ein Zug, der schwach aussieht, auch wirklich ein Schwachzug, sondern manchmal nur der Speck in der Mause(Springer−)Falle!

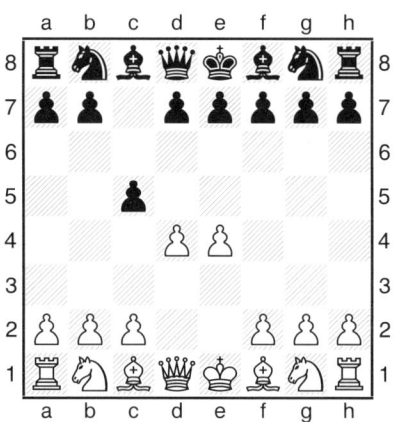

D1 nach 2.d2−d4

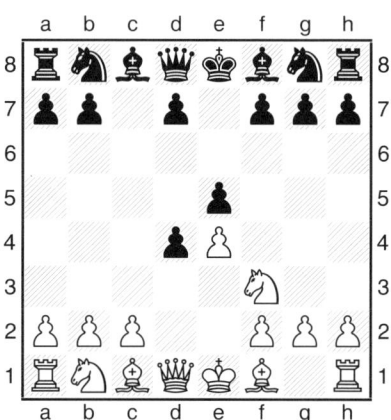

D2 nach 3...e7−e5

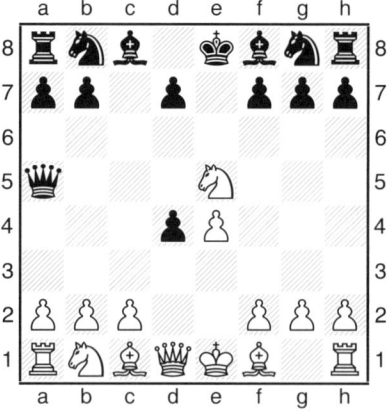

D3 nach 4...♕d8−a5+

6 Turmendspiel - leichter gewonnen als gedacht!

Eines der einfachsten Turmendspiele ist wohl dieses *(D1)*:

1.♖a8-h8 ♖a1xa7 2.♖h8-h7+ und Weiß gewinnt mit dem Spieß Turm und Partie.

In der nächsten Stellung *(D2)* sieht es auf den ersten Blick nicht nach einem leichten Gewinn aus. Wenn der ♖a8 mit einem Schachgebot abziehen kann, gewinnt Weiß. Das wird aber dadurch verhindert, dass sich der schwarze König im "Schatten" des weißen Königs hält und somit außerhalb der Gefahrenzone bleibt, denn Weiß kann ihn nie abschütteln.

Ein kleiner Trick verhilft zum Gewinn:

1.♔g4-f4 ♔g2-f2 2.♔f4-e4 ♔f2-e2 3.♔e4-d4 ♔e2-d2 4.♔d4-c5 *(D3)* **4...♔d2-c3**

[**4...♖a1-c1+** hilft auch nicht:

5.♔c5-b4 ♖c1-b1+ 6.♔b4-a3 ♖b1-a1+ 7.♔a3-b2 *(D4)* ♖a1-a5 8.♖a8-d8+ Die Gewinnstellung ist erreicht: z.B. ♔d2-e3 9.a7-a8♕ und gewinnt]

5.♖a8-c8 ♖a1xa7 6.♔c5-b6+ *(D4)*

und Weiß gewinnt Turm und Partie.

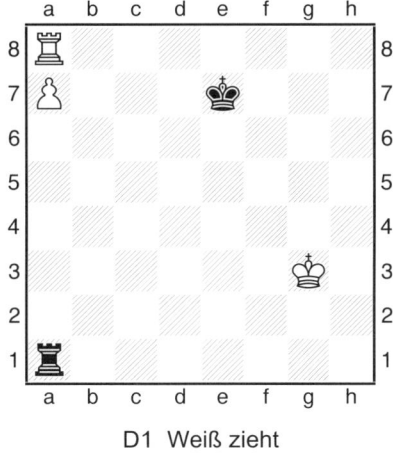

D1 Weiß zieht

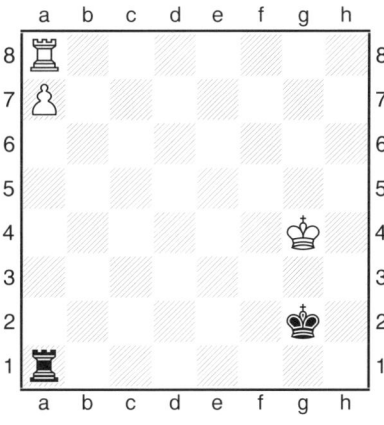

D2 Weiß zieht

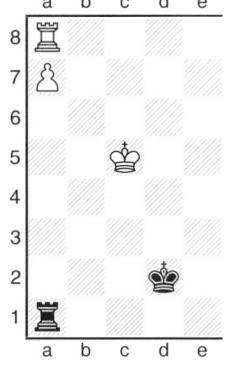

D4 nach 4.♔d4-c5

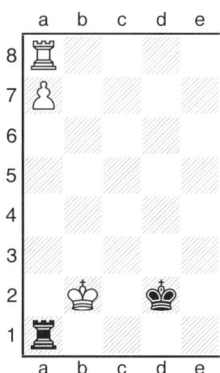

D5 nach 7.♔a3-b2 (Analyse)

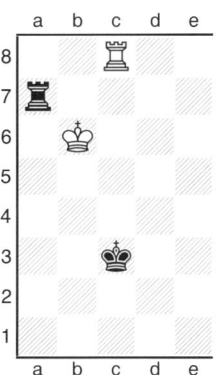

D5 nach 6.♔c5-b6+

7 Ignoranz wird prompt bestraft!

**1.e2–e4 c7–c5 2.♘g1-f3 ♘b8–c6
3.d2–d4 c5xd4 4.♘f3xd4 e7–e6** *(D1)*

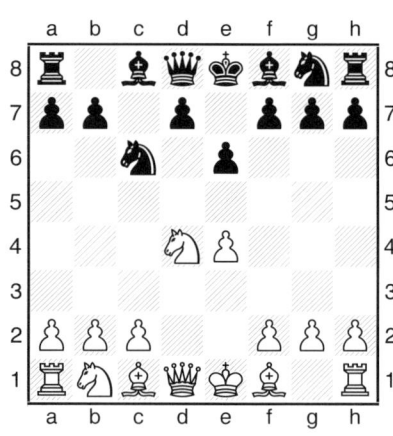

D1 nach 4.e7–e6

So weit, so gut. Wir haben eine normale Stellung aus der Sizilianischen Verteidigung auf dem Brett. Normalerweise würde Weiß mit 5.♘b1-c3 fortsetzen oder auch mit 5.♘d4–b5 Schwarz könnte d7–d6 oder ♘g8–f6 erwidern und es ist trotz der kleinen Kavallerieattacke gar nichts los.

Mit **5.♗c1-f4** stellt Weiß eine kleine Falle. Eigentlich ist der Zug nicht so gut, denn nach 5...a7–a6 ist dem ♘d4 das Feld b5 verwehrt und durch ♘g8–e7–g6 kann der Läufer vertrieben werden. Außer 5...a7–a6 hätte Schwarz nahezu alles ziehen können, nur nicht ausgerechnet **5...♘g8–e7??**, denn dieser Zug ignoriert in sträflichster Weise den Angriff des Weißen.

Und so ist nach **6.♘d4–b5** *(D2)* die gerade begonnene Partie auch schon zu Ende.

Es droht simpel ♘b5–d6# und, scheinbar nicht ganz so schlimm, Sb5–c7+ mit zumindest Qualitätsgewinn.

6...♘e7–g6 7.♘b5–c7+ ♔e8–e7 *(D3)*

Qualitätsverlust, Verlust der Rochade und die ungünstige Königsstellung wäre schon schlimm genug, aber Weiß hält sich gar nicht mit Materialgewinn auf, sondern spielt gleich

8.♕d1-d6+ ♔e7–f6 9.♘c7–d5#

und noch vor dem 10.Zug ist alles vorbei.

Aus der Partie können wir die Lehre ziehen, dass wir gefährliche Angriffe und Drohungen des Gegners (hier ♘b5) stets sofort unterbinden sollten und uns nicht auf unpassende Pläne (hier ♘g8–e7–g6, um den Läufer zu vertreiben) einlassen.

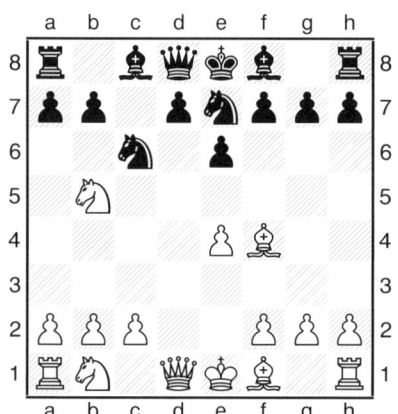

D2 nach 6.♘d4–b5

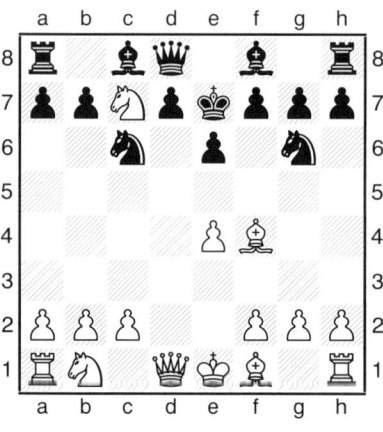

D3 nach ♔e8–e7

8 Der russische Reinfall

1.e2–e4 e7–e5 2.♘g1–f3 ♘g8–f6 *(D1)*

Dieser Gegenangriff auf den Be4 leitet in die Russische Verteidigung ein. Da die russischen Schachmeister Petrov und Jähnisch in der ersten Hälfte des 19.Jahrhunderts diese Eröffnung untersuchten, erhielt sie diesen Namen. In der englischen Schachliteratur wird sie als "Petroff Defense" bezeichnet. Die scheinbar "langweilige" symmetrische Stellung sollte niemanden in Sicherheit wiegen. Schnell entstehen hochtaktische Stellungen, die beide Seiten zu genauem Spiel zwingen. Anfänger fallen immer wieder auf die folgende Falle herein.

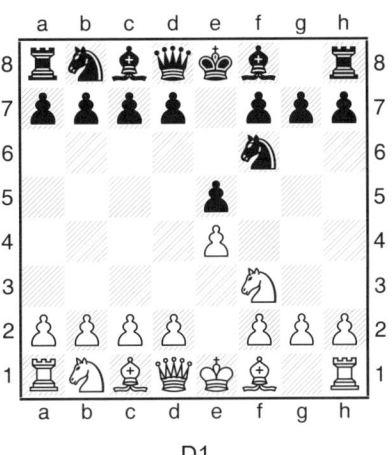

D1

3.♘f3xe5 ♘f6xe4?

Nachahmen ist fast nie eine gute Idee für den Schwarzen.

4.♕d1–e2 *(D2)* **♘e4–f6??**

Das gibt Weiß ein tödliches Abzugsschach in die Hand:

5.♘e5–c6+ und die Dame ist verloren und die Partie kaputt!

4...♕d8–e7 *(D3)* ist das rettende Manöver, denn nach 5.♕e2xe4 d7–d6 ist der Springer gegen die ungedeckte Dame gefesselt und kann sich nicht retten.

6.d2–d4 d6xe5 7.♕e4xe5 ♕e7xe5+ 8.d4xe5 ♘b8–c6 9.f2–f4 z.B. ♘c6–b4 10.♘b1–a3 und Weiß hat zwar einen Mehrbauern, der jedoch unter Beschuss genommen werden kann und keineswegs die Partie entscheiden wird.

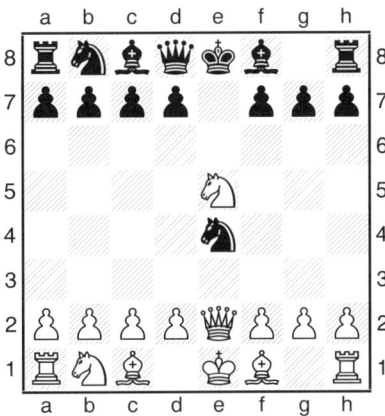

D2 nach 4.♕d1–e2

Auch **4...d7–d5** ist möglich:

5.d2–d3 ♕d8–e7 6.d3xe4 ♕e7xe5 7.e4xd5 ♗f8–d6 Besser als abzutauschen und Weiß so zu Entwicklungsvorteil zu verhelfen. Weiß steht etwas besser, aber es ist noch nichts entschieden.

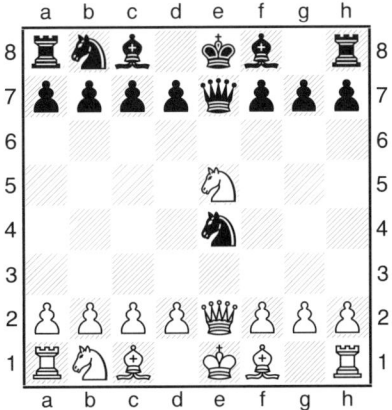

D3 nach 4...♕d8–e7 (Analyse)

9 Großer Ärger auf der kleinen Diagonalen

1.e2–e4 e7–e5 2.d2–d4 *(D)*

Weiß hat das Mittelgambit gewählt, eine alte, kaum noch gebräuchliche Eröffnung. Schwarz kann einfach abtauschen und die Partie wird schnell verflachen, Weiß kann so nicht in Vorteil kommen. Es könnte folgen:

2...e5xd4 3.c2–c3 d4xc3 4.♘b1xc3 ♗f8–c5 *(oder 4...♘g8–f6 und auf 5.e4–e5 fesselt ♕d8–e7 den Bauern)*

Auch das Gambit *(nach 2...e5xd4)* **3.c2–c3** *(D2)* ist harmlos. Nach 3...d4xc3 4.♘b1xc3 hat Weiß keine Kompensation für den geopferten Bauern.

Lediglich bei der scharfen Fortsetzung

4...Lf1–c4 muss man aufpassen und sollte lieber darauf verzichten, auch noch den Bb2 schlagen, denn dann wird das weiße Läuferpaar wirklich sehr gefährlich. *(siehe auch folgende Partie)*

Welche Möglichkeiten hat Schwarz?

(Ausgehend von D1) Springerzüge sind nicht zu empfehlen, denn auf 2...♘c6 kann Schwarz mit d4–d5 vorstoßen, auf 2...♘f6 folgt d4xe5.

Auch 2...d7–d6 ist keine so gute Idee, denn nach 3.d4xe5 d7xe5 4.Dd1xd8+ Ke8xd8 hat Schwarz die Rochade verloren. Das ist zwar nach Abtausch der Damen nicht mehr so schlimm, aber dennoch unnötig.

Und so verfallen manche Schachfreunde auf das noch verbliebene

2...f7–f6 *(D3)*

das ja die d-Linie beim Abtausch geschlossen hält und so Damentausch und Rochadeverlust vermeidet. Die Lösung dieses kleinen Problems ist allerdings mit einem riesengroßen neuen Problem verbunden, denn nach

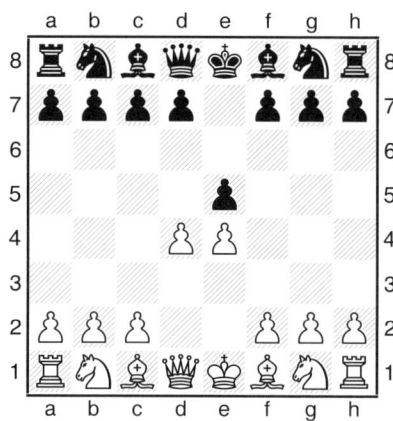

D1 nach 2.d2–d4 (Mittelgambit)

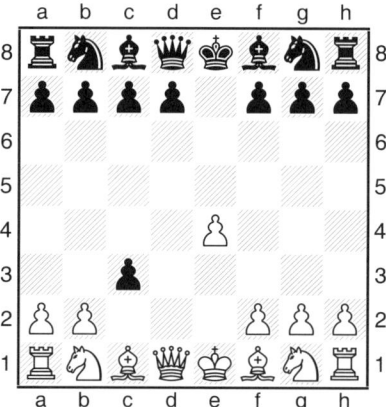

D2 nach 4.Sb1xc3 (Analyse)

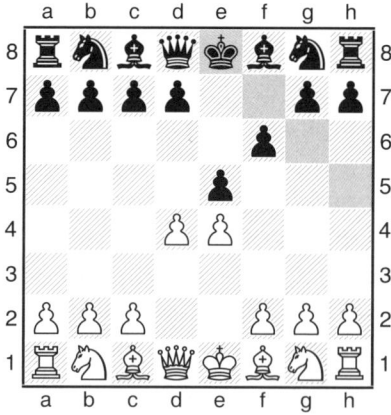

D3 nach 2...f7–f6

denn nach

3.d4xe5 f6xe5

ist die kleine Diagonale e8–h5 (siehe Markierung in D3) sehr schwach und bietet sich als Einfallstor für Damenattacken förmlich an. Und so geschieht es auch:

4.♕d1–h5+ *(D4)* **g7–g6**

und nun 5.♕h5xe5+ ♕d8–e7 6.♕e5xh8 De7xe5+ 7.Lc1–e3 mit klarem Vorteil für Weiß.

Natürlich könnte Schwarz *(nach 5.♕h5xe5+)* mit **5...♔e7–f7** den Materialverlust vermeiden. Aber das führt schnell zur Katastrophe:

6.♗f1–c4+ d7–d5

Der einzige Zug, der Schwarz überleben lässt.

7.♗c4xd5+ ♔f7–g6 8.♕e5–g3+

ist der entscheidende Gewinnzug:

[**8.h2–h4** h7–h6 und Schwarz steht sehr schlecht, kann aber einen zwingenden Verlust vermeiden.]

8...♔g6–h5

[8...♔g6–f6? 9.♕g3–g5#]

9.♗d5–f7+! g7–g6 10.♕g3–e5+ *(D6)*

Nicht etwa Turmgewinn, sondern Matt ist das Ziel. Gegen Dame, beide Läufer und von vorne die ganze weiße Front hat der König keine Chance. Alle Züge führen zum Matt:

10...♔h5–h4 11.♘g1–f3+ ♔h4–g4 und 12.h2–h3#;

10...♗c8–f5 11.♕e5xf5+ (nutzt die Fesselung des Bg6) ♕d8–g5 12.♕f5xg5#;

10...♔h5–g4 11.f2–f3+ ♔g4–h4 12.g2–g3#

Die Schwächung der Diagonalen e8–h5 durch frühes f7–f6 ist ein schwerer Fehler und lässt Schwarz von vornherein keine Chance.

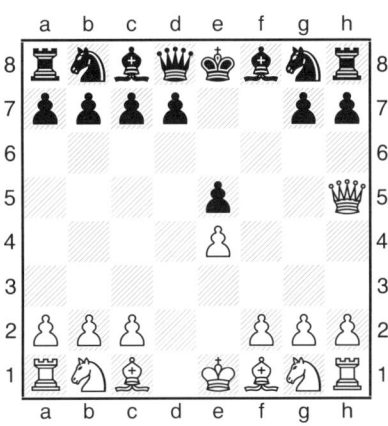

D4 nach 4.♕d1–h5+

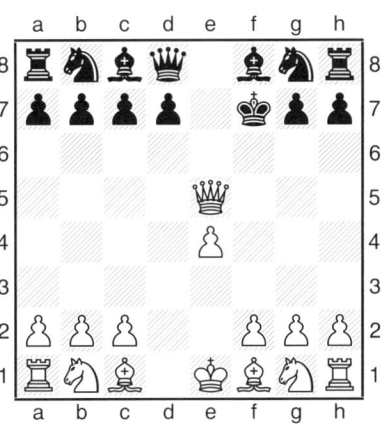

D5 nach 5...♔e7–f7

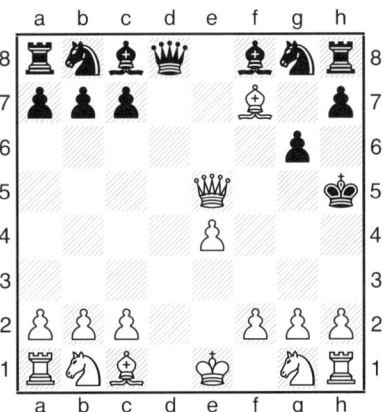

D6 nach 10.♕g3–e5+

10 Der Beweis für die Ungläubigen

In der ersten Partie haben wir bei der Betrachtung der Eröffnung kurz ein Gambit erwähnt, welches das weiße Läuferpaar sehr stark in Position bringt. Dem Leser wurde von der Annahme dieses Gambits abgeraten, aber für alle, die nur glauben was sie selber sehen, hier eine Partie mit diesem (angenommenen) Gambit, damit auch die Ungläubigen überzeugt werden.

1.e2–e4 e7–e5

2.d2–d4 e5xd4

3.c2–c3 d4xc3 *(D1)*

4.♗f1–c4 c3xb2

5.♗c1xb2 ♗f8–b4+

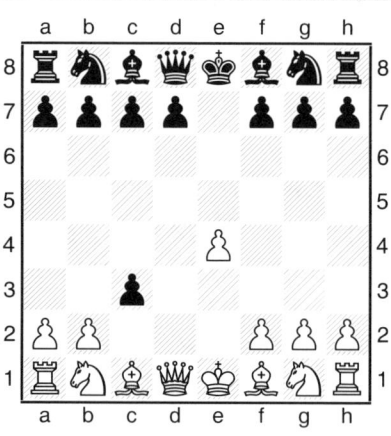

D1 nach 3...d4xc3

Schwarz hofft durch einen Entwicklungszug mit Schach seine Tempo-Bilanz wieder in Richtung Ausgleich zu bringen.

6.♘b1–d2 ♕d8–g5 *(D2)*

Gegenangriff + die Idee, eventuell auf d2 zu tauschen und durch Verflachen des Spiels den weißen Entwicklungsvorsprungs zu reduzieren. Die Regel besagt, dass wer Materialvorteil hat, den Abtausch suchen soll, wer dagegen materiell im Rückstand ist, sollte zu komplizieren versuchen und den Abtausch meiden.

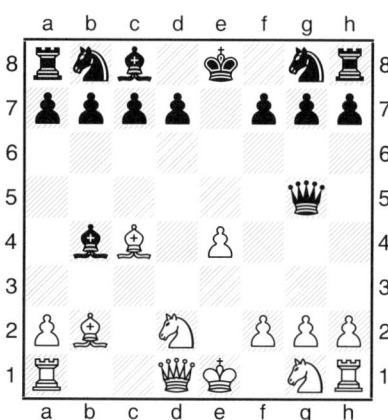

D2 nach 5... ♕d8–g5

6...♘g8–f6? 7.♗c4xf7+ ♚e8xf7 8.♕d1–b3+ mit Doppelangriff gewinnt einen Bauern zurück. Erforderlich ist daher die Vorbereitung

6...♗b4xd2+ 7.♕d1xd2 ♘g8–f6 8.f2–f3 (oder 8.e4–e5 ♕d8–e7 9.♘g1–e2)

8...0–0 und Schwarz kommt auf Dauer in Vorteil, muss aber genau spielen.

7.♘g1–f3 ♕g5xg2 8.♖h1–g1 ♗b4xd2+ *(D3)* 9.♕d1xd2 ♕g2xf3 geht nun ebenso wenig wie 9.♘f3xd2 ♕g2xg1+, aber

9.♚e1–e2! löst das Problem.

9...♕g2–h3 10.♕d1xd2 ♘g8–f6

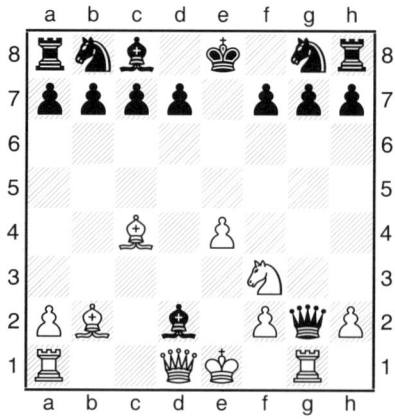

D3 nach 8...♗b4xd2+

11.♗c4xf7+ *(D4)*

Kein wirkliches Opfer, denn auf
11...♔e8xf7?? 12.♘f3–g5+ gewinnt die
Springergabel Dame und Partie.

11...♔e8–d8

12.♖g1xg7 ♘f6xe4 *(D5)*

13.♕d2–g5+

Ein Weglenkungsopfer, und diesmal ein
richtiges Opfer, das nach

13...♘e4xg5

den Weg freimacht für **14.♗b2–f6#**

Ein Beispiel für die Stärke des Läuferpaares,
vor allem, wenn wie hier noch ein Entwicklungsvorsprung damit verbunden ist.

Natürlich muss Schwarz nicht so schnell
verlieren wie in dieser Partie und nach z.B.
6...Lb4xd2+ *(siehe vorhergehende Seite)*
gibt der Computer sogar einen soliden Vorteil von 1,5 oder besser für Schwarz an. Das
sollte den unerfahrenen Spieler aber nicht
auf falsche Ideen bringen, denn er muss
schließlich die Stellung gegen die weißen
starken Läufer verteidigen! Und das ist gar
nicht so einfach. Wichtiger als die objektive
Einschätzung des Computers ist die subjektive menschliche Betrachtung mit ihren

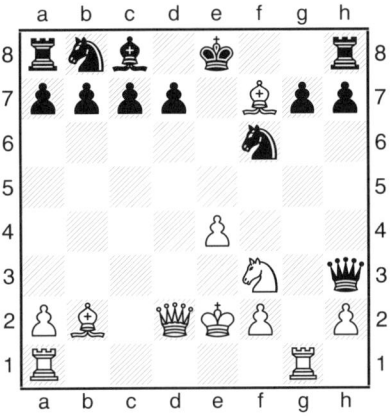

D4 nach 11.♗c4xf7+

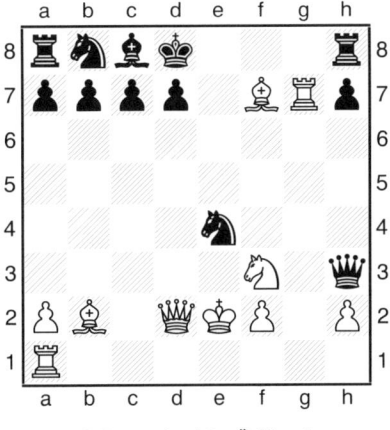

D5 nach 12...♘f6xe4

Schwächen, Ängsten und Befürchtungen und den Mängeln der Vorausberechnung, Einschätzung und dem Fehlen der nötigen Spieltechnik.

Mit anderen Worten: Wenn eine Stellung zwar objektiv besser für eine Partei
ist, aber schwer zu spielen und mit vielen Fallstricken versehen, dann mag
das Computerurteil für eine Prognose im praktischen Spiel wenig wert sein.

Der Trick ist, als weniger erfahrener Spieler solche schwierigen Stellungen
zu vermeiden - und ganz besonders gegen stärkere Gegner, die fast immer
eine taktische Möglichkeit mehr sehen oder einfach die bessere Technik besitzen.

Man sollte ein angebotenes Gambit in der Regel annehmen (wenn man die
richtige Ablehnung nicht kennt, ist die Gefahr groß, sonst schnell in Nachteil
zu kommen), einen zweiten Gambitbauern aber verschmähen oder zumindest schnellstens wieder zurückgeben.

11 Das Eröffnungsrezept des Apothekers

Nach den Zügen

1.e2–e4 e7–e5 2.♘g1–f3 f7–f6 *(D1)*

ist die Ausgangsstellung der "**Damiano-Verteidigung**" entstanden, die der portugiesische Apotheker Damiano vor 500 Jahren einführte. Auf den ersten Blick sieht der Zug f6 hier gar nicht so schlimm aus wie in unserem Beispiel zuvor, denn der ♘f3 verstellt ja die Ausfalldiagonale der Dame. Aber das kann sich buchstäblich auf einen Schlag ändern:

3.♘f3xe5 f6xe5 *(D2)*

Und nun ist fast die gleiche Stellung wie zuvor beim Mittelgambit auf dem Brett, lediglich mit der Ausnahme, dass Weiß noch nicht d2–d4 gezogen hat. Das hilft dem Schwarzen aber auch nicht, denn er hat nun die gleichen Probleme mit der Diagonalen e8–h5 wie im Mittelgambit:

4.♕d1–h5+

4...g7–g6 entspricht der Variante aus dem Mittelgambit:

5.♕h5xe5+ ♕d8–e7 6.♕e5xh8 ♕e7xe4+ 7.♗f1–e2 ♕e4xg2 8.♖h1–f1 mit klarem Vorteil für Weiß.

4...♔e8–e7 *(D2)* ist die einzige Alternative

5.♕h5xe5+ ♔e7–f7

6.♗f1–c4+ *(D3)* Im Vergleich zum Mittelgambit ist zwar der ♗c1 noch nicht entwickelt, aber die Stellung ist ebenso unbehaglich für den schwarzen König:

Schwarz hat nun zwei Möglichkeiten:

A) 6...♔f7–g6

7.♕e5–f5+ ♔g6–h6

8.d2–d4+ g7–g5

Dies hilft Schwarz nicht lange, denn mit

9.h2–h4 *(D4)* kommt sowohl der h–Bauer

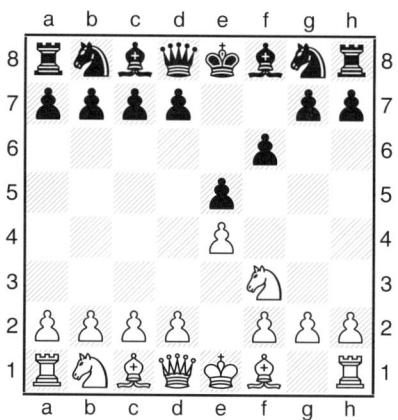

D1 nach 2...f7–f6

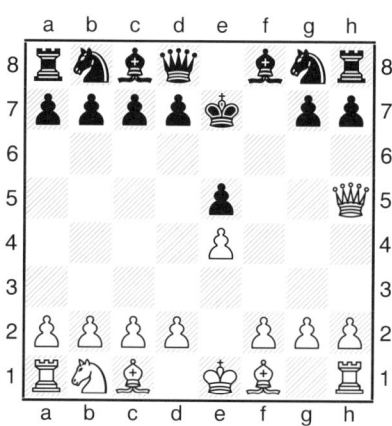

D2 nach 4...♔e8–e7

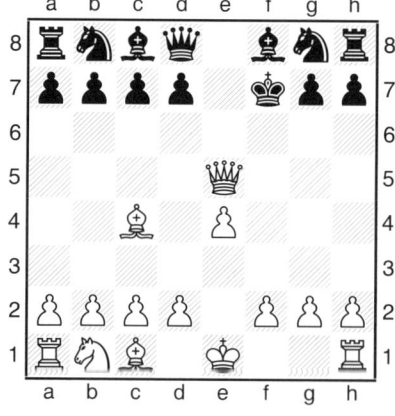

D3 nach 6.♗f1–c4+

als auch der Turm ins Spiel, was dem eingeklemmten König keine Chance lässt.

9...♛d8–e7 10.♗c1xg5+ mit Damengewinn
und man darf wohl Matt in wenigen Zügen
erwarten. (9...♗f8–e7 scheitert am Doppelschach 10.h4xg5+ ♔h6–g7 11.♛f5–f7#)
Bleibt also nur noch

B) 6...d7–d5

Die beste Verteidigung, denn so kommt der
weißfeldrige Läufer ins Spiel und deckt das
wichtige Feld f5.

7.♗c4xd5+ ♔f7–g6

8.h2–h4 h7–h5 (D5)

(etwas besser als 8...h7–h6)

9.♗d5xb7! nutzt die beengte Stellung des
Königs, denn 9...♗c8xb7?? führt zu
10.♛e5–f5+ ♔g6–h6 11.d2–d4+ g7–g5
Lc1xg5 mit Damengewinn.

Ohne ♗xb7 würde Weiß nicht zu besonderem Vorteil kommen. Schwarz hat zwar eine
übel aussehende Stellung, was aber keineswegs bedeutet, dass er deswegen auch
verlieren muss. Nach einigen Entwicklungszügen kann Schwarz wieder mithalten und
auf jeden Fall eine volle Partie spielen.

9...♗f8–d6

10.♛e5–a5 ♞b8–c6 (D6)

11.♗b7xc6 und Weiß sollte sicher gewinnen, aber immerhin konnte Schwarz das
Matt vermeiden.

Schwarz darf also das angebotene Springeropfer auf keinen Fall annehmen, denn
bei richtigem Spiel des Gegners verliert er
schnell die Partie. Wenn Weiß allerdings
nicht richtig fortsetzt, ist sein Sieg trotz der
schwachen Eröffnung keineswegs sicher.

Es empfiehlt sich, einige Damiano-Partien
gegen den Computer zu spielen, um sich die
siegreichen "Tricks" gut einzuprägen.

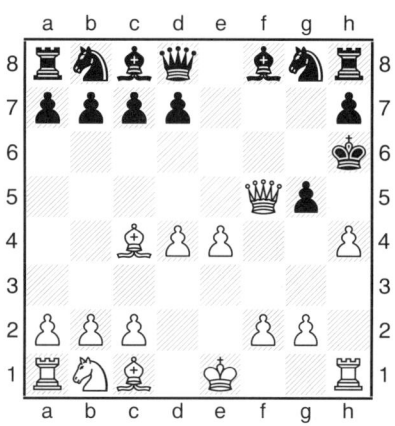

D4 nach 9.h2–h4

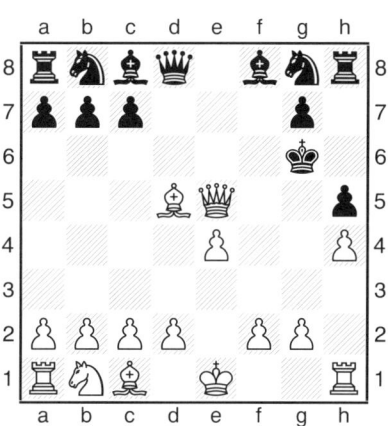

D5 nach 8...h7–h5

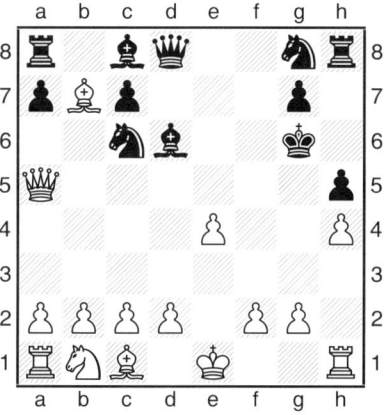

D6 nach 10...♞b8–c6

12 Der Damiano Konter - Strafe für schematisches Spiel

Nun wollen wir uns anschauen, wie Schwarz durch Ablehnung des Opfers das Schlimmste vermeiden kann.

1.e2–e4 e7–e5 2.♘g1-f3 f7–f6

3.♘f3xe5 ♕d8–e7 *(D)*

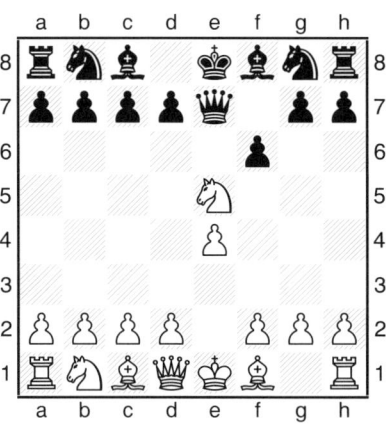

D nach 3... ♕d8–e7

Die einzige Verteidigung, alle anderen Züge sind offensichtlich schlecht. Der Damenzug gibt Schwarz sowohl die Möglichkeit, mit relativ geringem Nachteil zu entkommen und stellt darüber hinaus noch eine Falle.

Normalerweise sollte folgen:

4.♘e5–f3 d7–d5

(4...♕e7xe4+ 5.♗f1-e2 ist leicht schwächer, weil Schwarz etwas stärker in Entwicklungsrückstand gerät)

5.d2–d3 d5xe4 6.d3xe4 ♕e7xe4+

7.♗f1-e2 und Weiß ist etwas besser entwickelt. Auch bei der Ablehnung des Opfers steht Schwarz schlechter, als das in anderen Eröffnungen der Fall wäre. Daher gilt die Damiano–Verteidigung heute als widerlegt und wird in manchen Eröffnungsbücher gar nicht mehr erwähnt.

Wenn Weiß allerdings schematisch mit

4.♕d1-h5+ fortsetzt und auf 4...g7–g6 *(D2)*

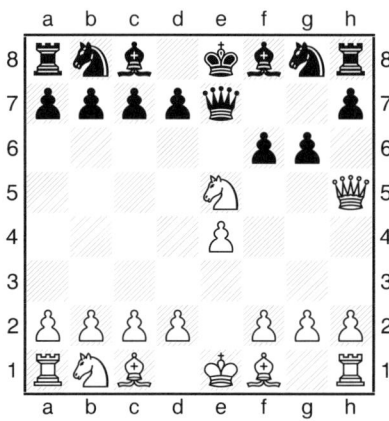

D2 nach 4...g7–g6

5.♘e5xg6 glaubt, nach ♕e7–f7 6.♘g6–f4 einen Bauern gewinnen zu können, folgt durch 5...♕e7xe4+ *(D3)* eine böse Überraschung. Die Dame entzieht sich nicht nur mit Schachgebot dem Angriff, sondern greift nun auch den Sg6 an und gewinnt diesen.

6.♗f1-e2 ♕e4xg6 und die Mehrfigur sollte zum schwarzen Sieg reichen.

Weiß hat hier schematisch gedacht und nicht geprüft, wie die Situation auf dem Brett zwei Züge später aussieht. Also bei Abweichungen bitte nicht einfach die bekannten Züge machen, sondern immer kritisch die Lage prüfen!

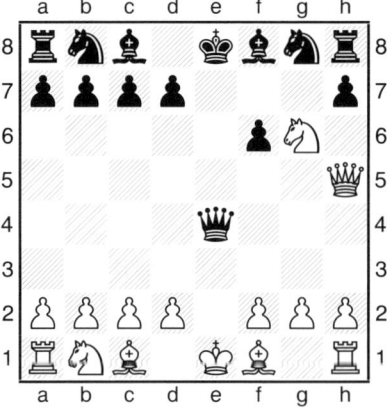

D nach 5...♕e7xe4+

13 Ärger mit der Fesselung

1.e2–e4 e7–e5 2.♘g1–f3 ♘b8–c6
3.♗f1–c4 ♗f8–c5 4.♘b1–c3 ♘g8–f6
5.0–0 0–0 6.d2–d3 d7–d6 7.♗c1–g5 *(D1)*
♗c8–g4

Aus Italienisch oder dem Vierspringerspiel kann (durch Zugumstellung auch auf andere Weise als in unserer Variante) diese Stellung entstehen. Die symmetrische Nachahmung ist bei Anfängern sehr beliebt. Wir wollen uns in dieser Partie vor allem mit der Fesselung auf f6 befassen, die häufig vorkommt und bei schwachem Spiel zu schwerwiegendem Nachteil führen kann.

Schwarz könnte nun die Symmetrievariante verlassen und die Fesselung des ♘f6 verhindern. Sinnvoll wäre dazu ***7...h7–h6*** 8.♗g5–h4 und nach 8...♗c8–g4 9.♘c3–d5 folgt g7–g5 *(D2)* 10.♗h4–g3 und .♘c6–d4 (oder auch 10...♘f6–h5 mit etwas besserem schwarzen Spiel).

Auch ***7...♗c8–e6*** wehrt von vornherein den Angriff auf den gefesselten Springer ab:

8.♘c3–d5 (8.♗c4xe6 f7xe6 Der Doppelbauer ist kein Problem, er wirkt ins Zentrum und Schwarz hat die f–Linie geöffnet)

8...♗e6xd5 9.♗c4xd5 h7–h6]

8.♘c3–d5 *(D3)* Die weitere Nachahmung 8...♘c6–d4 wäre hier sogar (anders als in manch anderer Variante) möglich und würde die Stellung ausgeglichen halten. Ein äußerst beliebter Fehler ist an dieser Stelle der gedankenlose Zug **8...h7–h6?** *(D4)*

Was einen Zug zuvor noch gut gewesen wäre, ist jetzt ein schwerer Fehler. Es ist zu spät, die Drohungen gegen f6 noch abzuwehren oder den Läufer zu befragen und, schlimmer noch, die Antwort wird Schwarz kaum gefallen, denn nach dem Abtausch

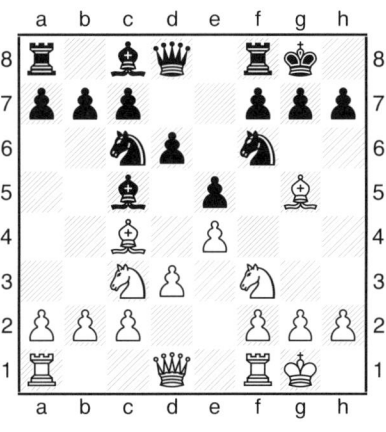

D1 7.♗c1–g5

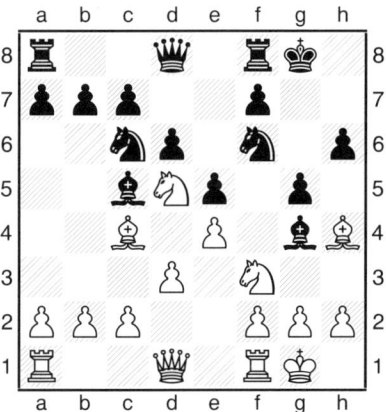

D2 nach 9.g7–g5 (Analyse)

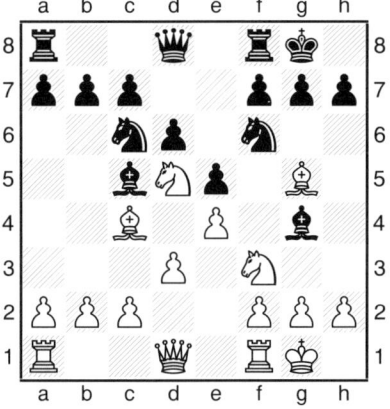

D3 nach 8.♘c3–d5

9.♘d5xf6+ g7xf6 10.♗g5xh6 *(D5)*

geht der wichtige h-Bauer verloren.

10...♖f8-e8   11.c2-c3 und der schwarze König wird einen schweren Stand haben. Weiß braucht die Fesselung des ♘f3 kaum noch zu kümmern. Zieht die weiße Dame weg (z.B. nach d2), kann Schwarz den Springer nicht schlagen, denn nach gxf3 hat Weiß auch noch die offene g-Linie für den Königsangriff zur Verfügung.

Auch das Abdrängungsmanöver *(von D4 ausgehend)* **11.h2-h3** ist spielbar: ♗g4-h5 12.g2-g4 ♗h5-g6 13.♘f3-h4 (Achtung! Der Läufer hängt, durch die Fesselung des Bf7 ist er ungedeckt!) 13...♔g8-h7 und z.B. 14.♗h6-e3 mit klar besseren weißen Chancen.

Selbst das viel schwächere **9.♗g5xf6** g7xf6 10.c2-c3 gibt Weiß bequemes Spiel.

(oder 10.♕d1-d2 ♔g8-g7 Schwarz darf den Sf3 nicht schlagen, denn die offene g-Linie wäre sein Verderben).

Die in diesem Partiefragment gezeigten Techniken von Fesselung und Entfesselung bzw. Vorbeugung sind wichtig für die Praxis und man sollte sich damit intensiv beschäftigen.

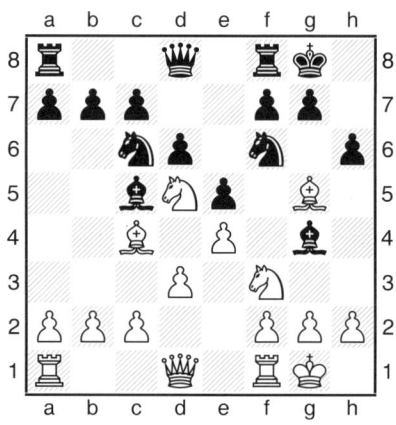

D4 nach 8...h7-h6? Der Flop!

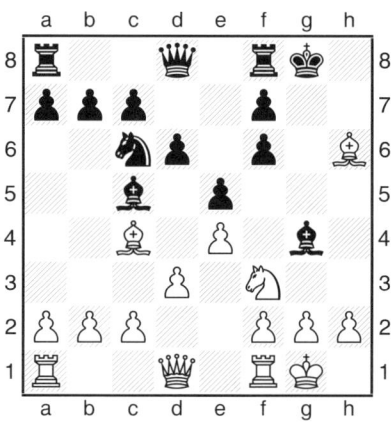

D5 nach 10.♗g5xh6

Wir sehen auch, wie wichtig die Reihenfolge der einzelnen Züge ist. Ob man einen Zug etwas früher oder später zieht, ist keineswegs gleichgültig. Die Fesselung in dieser Stellung wird ja erst gefährlich, wenn Schwarz einen unnötigen Zug einstreut oder einen an sich sinnvollen Zug zur falschen Zeit macht. Ob man h7-h6 sehr frühzeitig zieht, um die Fesselung bereits im Ansatz zu verhindern, ob man h6 zieht, um den Läufer zu befragen oder erst, wenn der Springer schon nach d5 gelangt ist, führt zu völlig unterschiedlichen Stellungen und Chancen.

***

14 Ein spätes Schäfermatt verhilft zum Sieg

1.e2-e4 e7-e5 2.♘g1-f3 ♘b8-c6
3.♗f1-c4 Weiß hat den "Italienischen Weg" beschritten, aber Schwarz weicht mit dem ruhigen, aber etwas passiven **3...♗f8-e7** *(D1)* in die **"Ungarische Verteidigung"** aus. Diese hat ihren Namen nach einer Fernpartie zwischen Paris und Budapest von 1842–45 (keine Angst, unsere Partie hier dauert nicht ganz so lange!)

4.d2-d4 e5xd4

[Solide ist 4...d7-d6 5.♘b1-c3 ♘g8-f6 6.h2-h3 (Verhindert die sonst unangenehme Fesselung durch Lg4) 6...0-0 7.0-0 mit Ausgleich]

5.c2-c3 *(D2)*

[Möglich wäre auch 5.♘f3xd4 ♘g8-f6 6.♘b1-c3 0-0 7.0-0 und Ausgleich]

5...♘g8-f6

[*5...♘c6-a5* ist wohl die beste Erwiderung: 6.♕d1xd4 ♘a5xc4 7.♕d4xc4 ♘g8-f6 8.e4-e5 d7-d5 9.e5xd6 ♕d8xd6 und nach beiderseitiger Rochade hat Schwarz eine solide, bequem spielbare Stellung.

5...d4xc3 ist zweischneidig: 6.♕d1-d5 (droht Matt auf f7) 6...♘g8-h6 7.♗c1xh6 0-0 (Die einzige Verteidigung) 8.♗h6xg7 *(8.♗h6-c1 ♘c6-b4 9.♕d5-d1 c3-c2 bringt Schwarz in Vorteil)* 8...♔g8xg7 9.♘b1xc3 d7-d6]

6.e4-e5 *(D3)* **♘f6-e4**

[*6...♘f6-g4* ist zwar möglich, aber nach 7.c3xd4 d7-d5 8.♗c4-b5 ♗c8-d7 9.h2-h3 ♘g4-h6 10.♗c1xh6 g7xh6 11.♘b1-c3 ♖h8-g8 wenn auch etwa ausgeglichen, so doch nicht jedermanns Geschmack

Ähnliches gilt für **6...♘f6-g8** 7.♕d1-b3 ♘c6-a5 8.♗c4xf7+ ♔e8-f8 9.♕b3-a4, Ausgleich, aber unnötig kompliziert]

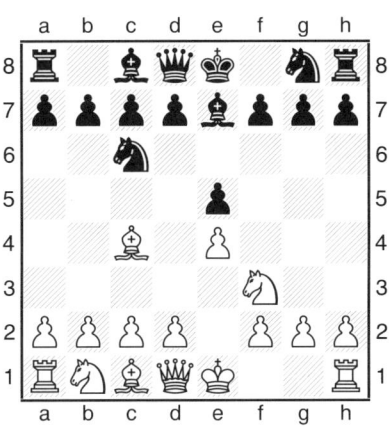

D1 Ungarische Verteidigung

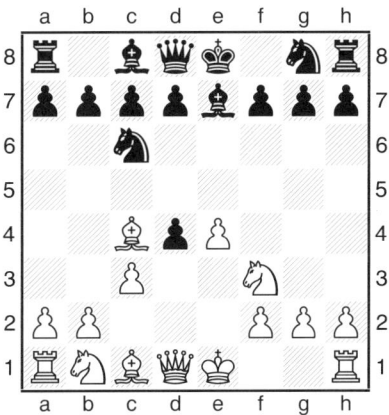

D2 nach 5.c2-c3

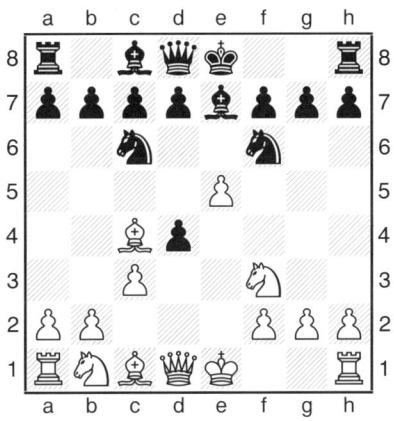

D3 nach 6.e4-e5

7.♗c4–d5 *(D4)* **♘e4–g5?**

[7...♘e4–c5 8.c3xd4 ♘c5–e6 sieht zwar ein wenig merkwürdig aus, ist aber spielbar, z.B. 9.0–0 ♘c6–b4 10.♗d5–e4 c7–c6 usw.]

8.♘f3xg5 Der Abtausch leitet eine Falle ein:

8...♗e7xg5 9.♕d1–h5 *(D5)*

Ein spätes Schäfermatt, und wie sein frühes Vorbild zwar leicht abzuwehren, aber hier mit einem Doppelangriff auf den ♗g5 verbunden!

9...g7–g6 [oder 9...0–0]

10.♕h5xg5 und Weiß gewinnt.

Wenn man in der Eröffnung die eigenen Figuren in gegnerisches Territorium ziehen muss, kann man gar nicht vorsichtig genug sein und sollte sehr gründlich die möglichen Varianten berechnen!

Wichtig ist auch, der einmal gewählten Strategie treu zu bleiben. In dieser eigentlich ruhigen Eröffnung kann es immer wieder zu taktischen Komplikationen kommen. Aber warum das "lahme" Ungarisch wählen, wenn man sich dann bald doch ins Getümmel stürzt?

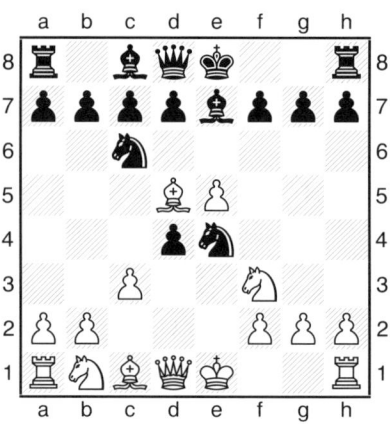

D4 nach 7.♗c4–d5

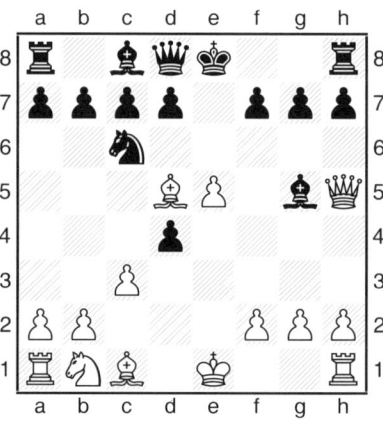

D5 nach 9.♕d1–h5

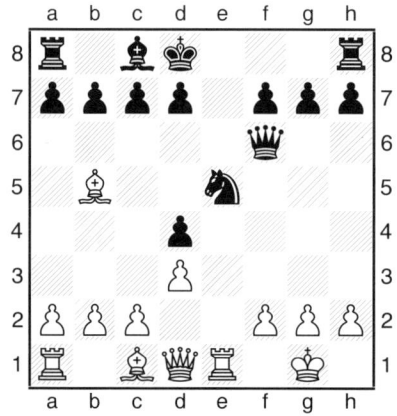

McShane - Costagliola
London 1997

Nachtrag:

Es muss ja nicht gleich Schäfermatt sein!

Einen Angriff mit einer ähnlichen Doppeldrohung wandte das britische Wunderkind Luke McShane in dieser Stellung an:

1.♕d1–h5

Angriff auf den ♘e5 und Deckung des Feldes g5, was den Spieß ♗c1–g5 ermöglicht. Auf **1...h7–h6** folgt **2.♕h5xe5**

Auf Deckung oder Wegzug des Springers aber, z.B. 1...♖h8–e8 folgt 2.♗c1–g5, beides sollte zum Sieg reichen.

16 Das Königsgambit - alt, aber nicht verrostet!

1.e2–e4 e7–e5 2.f2–f4

Seit seiner ersten Erwähnung im Buch des spanischen Meisters Ruy Lopez 1561 hat sich das Königsgambit *(D1)* über Jahrhunderte hinweg großer Beliebtheit erfreut und es ist eine sehr umfangreiche Theorie dazu entstanden. Das scharfe Spiel, das sich bereits sehr früh in der Eröffnung ergibt, ist voller taktischer Drohungen, Paraden und Finessen.

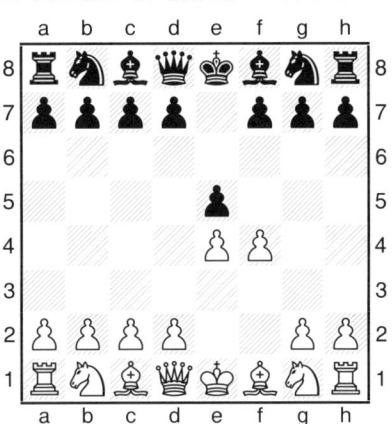

D1 Das Königsgambit

Schwarz kann das Gambit natürlich ablehnen. Der sinnvollste Plan dabei ist **2...♝c5**, womit das Feld d4 gesichert wird und d6 folgen kann, ohne den Läufer einzuschließen. Weiß kann den e-Bauern nicht schlagen wegen 3... ♛h4+ nebst ♛xe4.

Direkt **2...d6** würde den ♝f8 einschließen und zu einer passiven Stellung führen.

"Falkbeers Gegengambit" **2...d7–d5** ist umstritten – und schließlich kann man ja auch ein Gambit nur widerlegen, indem man es annimmt, was Schwarz in unserer Partie auch getan hat.

2...e5xf4 3.♞g1–f3

Mit **3.♝c4** könnte Weiß auch das "**Königsläufer Gambit**" wählen, das zu äußerst scharfem Spiel führt, da Schwarz nun sofort mit ♛h4+ angreifen kann und Weiß mit ♚f1 die Rochade aufgeben muss.

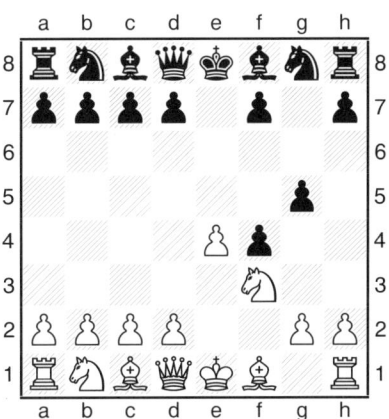

D2 nach 3...g7–g5

3...g7–g5 *(D2)* Schwarz verteidigt vorsorglich den Bauern, der ja nach 4.d4 angegriffen wäre.

4.♝f1–c4 f7–f6?

Schwarz hat sich bei diesem Zug durchaus etwas gedacht. Zum einen hält f6 den Springer vom Feld e5 fern. Nach z.B. h7–h6 hätte Weiß mit ♞e5 gleich den Punkt f7 attackieren können, was zwar unangenehm aussieht, in Wirklichkeit aber völlig unge-

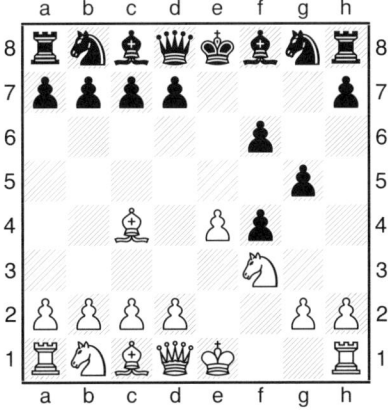

D3 nach 4...f7–f6?

fährlich wäre, denn nach **4...h7–h6** *(D4)*

5.♘f3–e5 ♖h8–h7 (verstößt sicher gegen die Eröffnungsprinzipien, erfüllt aber hier seinen Zweck) kann Schwarz den Springer zurücktreiben und steht wohl auf Dauer sogar etwas besser.

Folgt dagegen **5.h2–h4** so muss Schwarz aufpassen, denn nach h4xg5 wäre h6xg5 nicht möglich, weil dann der ♖h8 verloren geht. Daher ist 5... ♗f8–g7 nötig.

Alternativ dazu wäre auch 5...g5–g4 möglich. Es könnte folgen

6.♘f3–e5 ♕d8–e7 7.♗c4xf7+ ♔e8–d8 8.♘e5–g6 *(D5)* ♕e7xf7 9.♘g6xh8 ♕f7–g7 und der Springer sitzt in der Falle, Schwarz hat zwei Leichtfiguren für den Turm und die Stellung ist ausgeglichen.

Man darf in solchen Stellungen nicht zu ängstlich sein und muss immer ein paar Züge weiter rechnen, um den Wert aktueller Drohungen richtig einschätzen zu können.

In der Partie hätte Schwarz eine ganze Reihe von Zügen wählen können, so 4...♗f8–g7; 4...g5–g4 oder 4...♘b8–c6 und die Stellung wäre ausgeglichen geblieben.

Mit dem Textzug 4...f7–f6 dagegen hat er eine weit schlimmere Drohung übersehen:

5.♘f3xg5 *(D6)*

Schwarz hat das Opfer und den damit drohenden Damenausfall übersehen. Die offene Diagonale e8–h5 ist wieder einmal tödlich.

5...f6xg5

[5...♘g8–h6 6.♕d1–h5+ ♔e8–e7 und Schwarz steht furchtbar, es könnte folgen 7.♘g5–f7 ♕d8–e8 8.♕h5–c5+ usw.]

Der Rest der Geschichte ist schnell erzählt:

6.♕d1–h5+ ♔e8–e7 7.♕h5xg5+ ♔e7–e8 8.♕g5–h5+ ♔e8–e7 9.♕h5–e5#

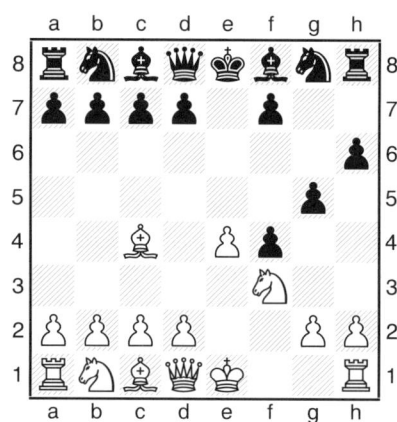

D4 nach 4...h7–h6 (Analyse)

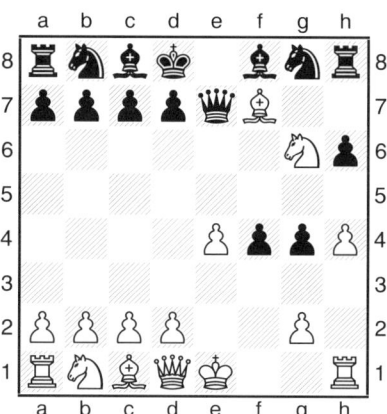

D5 nach 8.♘e5–g6 (Analyse)

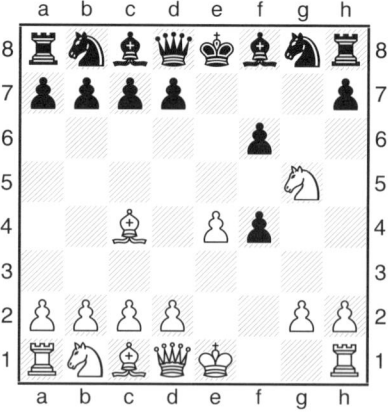

D6 nach 5.♘f3xg5

16 Tückische Falle im Damengambit

**1.d2–d4 d7–d5 2.c2–c4 e7–e6
3.♘b1–c3 ♘g8–f6 4.♗c1–g5**

Soweit wurden von beiden Seiten Standard-
züge des Damengambits gewählt. Weiß
fesselt den Sf6, damit er anschließend e2–
e3 spielen kann, denn sonst wäre sein
schwarzfeldriger Läufer auf Dauer eingesperrt und stände bei einer eventuellen Akti-
on am Damenflügel sogar im Wege.

4...♘b8–d7 *(D1)* Dieser Zug ist eine Falle
und wartet nur auf denjenigen Spieler , der
aufmerksam einen möglichen Bauerngewinn
erspäht hat. Wenn man schwach ist und den
möglichen Bauerngewinn gar nicht erst
sieht, hat man nichts zu befürchten. Wenn
man ein guter Spieler und mit der Eröffnung
vertraut ist, kennt man die Falle vermutlich
oder findet selbst den Haken an der Sache.
Wir haben hier also eine Falle für die "Mit-
telklasse" vor uns.

Nach **5.c4xd5 e6xd5 6.♘c3xd5** (D2)

Weiß hat es gewagt und damit alle Brücken
hinter sich abgebrochen. Der gefesselte
Springer erwacht zu unerwarteter Aktivität
und schlägt zurück!

6...♘f6xd5 7.♗g5xd8 An diesem Damengewinn hat Weiß nicht lange Freude, denn
der Konter folgt auf dem Fuß:

7...♗f8–b4+ *(D3)* Der einzig mögliche Zug
8.♕d1–d2 verliert die Dame und nach
8...♗b4xd2+ 9.♔e1xd2 ♔e8xd8 hat Weiß
eine Figur eingebüßt, für die er nur einen
Bauern als Kompensation hat. Schwarz, der
zu allem Überfluss auch noch besser entwickelt ist, sollte diese Partie gewinnen.

Dieser "Trick" entspricht der Legal-Falle, mit
dem Unterschied, dass hier Weiß nicht Matt
wird, sondern sich "freikaufen" kann.

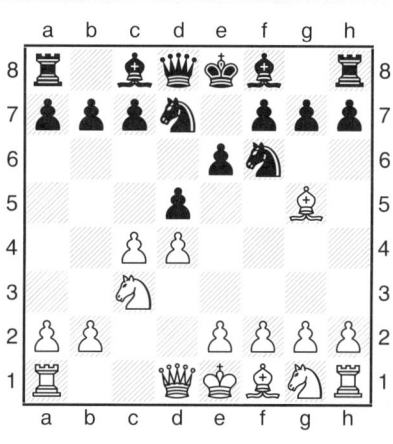

D1 4...♘b8–d7

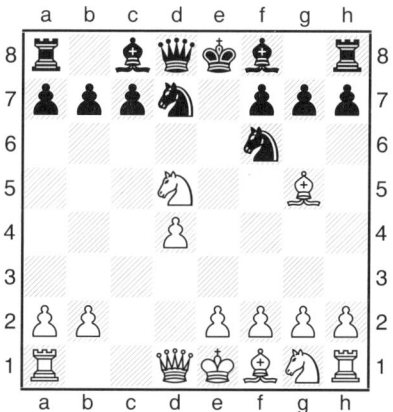

D2 nach 6.♘c3xd5

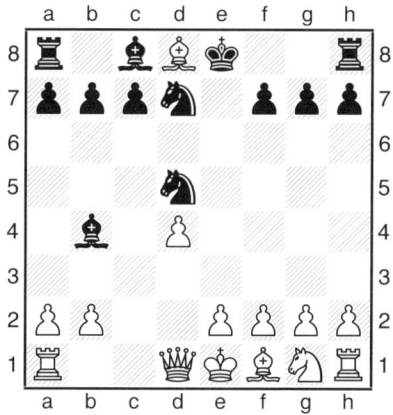

D3 nach 7...♗f8–b4+

17 Patzerzug oder cleverer Trick?

**1.e2–e4 e7–e5 2.Sg1–f3 Sb8–c6
3.Lf1–b5 Sg8–f6 4.d2–d3**

In der schon wohlbekannten Spanischen Verteidigung überrascht Schwarz uns mit **4...Sc6–e7** *(D1)* Der Zug ist nicht etwa ein Anfängerfehler, wie man denken könnte, sondern verfolgt die Idee, den Be5 mit Sg6 zu decken und mit c6 und d5 gegen das weiße Zentrum vorzugehen.

Und er beinhaltet eine Falle:

5.Sf3xe5? c7–c6 6.Lb5–c4 Dd8–a5+ *(D2)*
Der Damenausfall hat den vorwitzigen Springer kalt erwischt! Das klassische Motiv des Damenausfall nach a5(a4), verbunden mit einem Doppelangriff Richtung Zentrum.

7.Sb1–c3 Da5xe5 mit guten Gewinnchancen für Schwarz.

Wenn Weiß den Braten gerochen hätte, könnte er einen "Gegentrick" versuchen:

6.Se5–c4 *(D3)* droht ein "Ersticktes Matt" auf d6, aber mit **6...d7–d5** kann Schwarz das Mattfeld decken.

Ein renommiertes Lehrbuch sieht hier einen klaren Figurengewinn für Schwarz, aber ganz so einfach geht das doch nicht. Ein Gegenangriff rettet Weiß vor dem Figurenverlust:

7.e4–e5 d5xc4 (7...Sf6–g8?? 8.Sc4–d6+)
8.e5xf6 c6xb5 9.f6xe7 Dd8xe7+ mit leichtem schwarzen Vorteil.

Wir sollten uns hüten, einen Gegner, der scheinbar schwache Züge macht, zu unterschätzen und <u>jeden</u> gegnerischen Zug ernst nehmen und genau überprüfen. Und wir sollten uns angewöhnen, am Ende einer Kombination immer noch ein bis zwei Züge weiter zu rechnen, um Überraschungen wie den Gegenangriff hier rechtzeitig zu sehen.

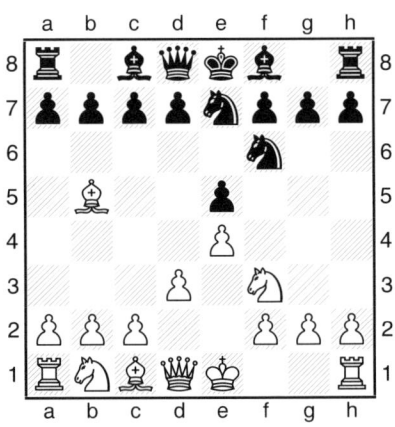

D1 nach 4...Sc6–e7

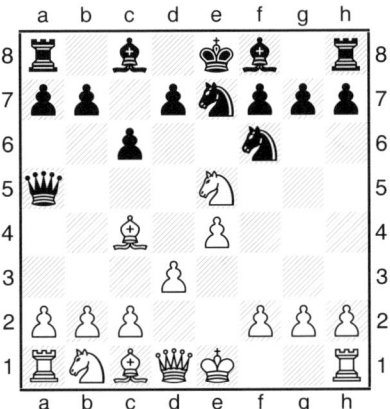

D2 nach 6...Dd8–a5+

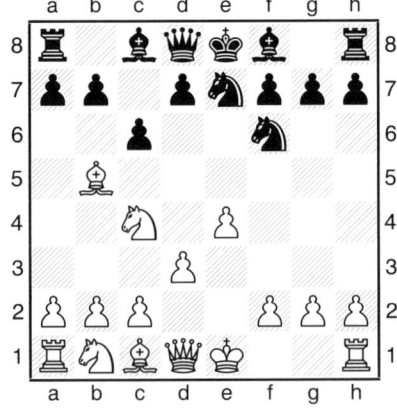

D3 nach 6.Se5–c4 (Analyse)

18 Der verrückte Damenausfall

Die vermutlich kürzeste Partie, die einen Damenfang auf freier Wildbahn ermöglicht, ist diese:

1.e2–e3 d7–d5 2.♘b1–c3 e7–e5 3.♕d1–f3 *(D)* **e5–e4 4.♕f3–f4?? ♗f8–d6** und, man glaubt es kaum, alle Felder, die die Dame betreten könnte, sind "vermint"!

Was aber, wenn Weiß den dummen Zug unterlässt? Möglich wäre

A) 4.♕f3–h5 ♘g8–f6 **5.♕h5–e5+** *(D2)* ♗f8–e7 (oder 5...♕d8–e7 6.♕e5xe7+ ♗f8xe7 und Schwarz ist etwas besser entwickelt).

B) 4.♕f3–g3 ♘g8–f6 **5.♘c3–b5** ♘b8–a6 *(D3)* und die Stellung ist ungefähr ausgeglichen, wobei Weiß aber höllisch auf seine Dame aufpassen muss. Direkt angreifen kann Schwarz sie aber nicht, z.B.: 6.d2–d3 ♘f6–h5? 7.♕g3–e5+ mit Doppelangriff

Schwarz hat ein wenig Probleme wegen seiner Rochade, die durch den Druck auf g7 erschwert ist. Allerdings ist eventuelles ♕xg7 ein zweischneidiges Schwert, da in ähnlichen Stellungen die Dame oft Gefahr läuft, erobert zu werden - besonders, wenn in der frühen Eröffnungsphase das Brett noch gut gefüllt ist! Schauen wir uns eine Variante dazu an, um einen Überblick über die Möglichkeiten und Probleme zu gewinnen *(ausgehend von D3):*

6.♗f1–e2 ♗f8–e7 7.♕g3xg7 ♖h8–g8 8.♕g7–h6 ♖g8–g6 9.♕h6–f4 ♖g6xg2 usw.

Konkret steht Schwarz nur ein wenig besser, hat aber gewiss die angenehmere Stellung und sicher auch mehr praktische Chancen.

Durch seinen Anzugsvorteil kann sich Weiß schon einiges leisten, aber man sollte auch als Weißer nicht alles tun, was man tun könnte! Also lieber keine Damenausflüge!

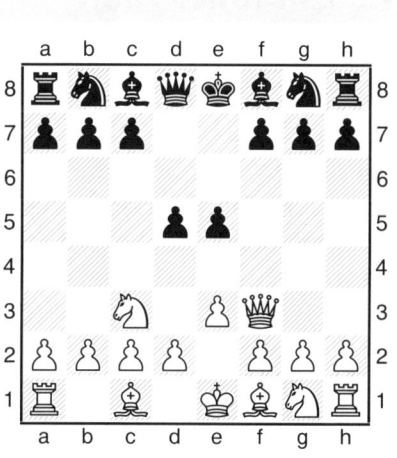

D1 nach 3.♕d1–f3

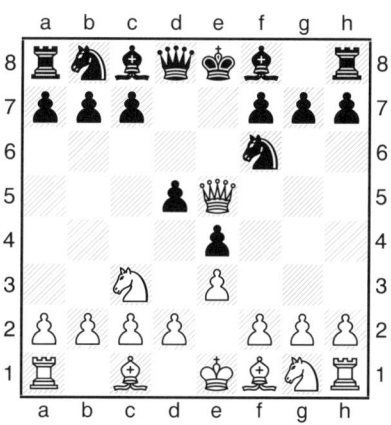

D2 nach 5.♕h5–e5+

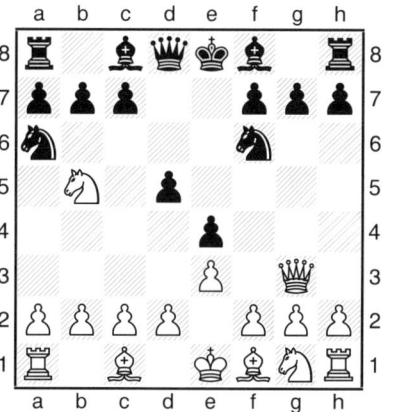

D3 nach ♘b8–a6

19 Ein toller Plan

1.e2–e4 c7–c5 2.♘g1–f3 d7–d6 3.d2–d4 c5xd4 4.♘f3xd4 ♘g8–f6 5.♘b1–c3 g7–g6 6.♗c1–e3 *(D1)*

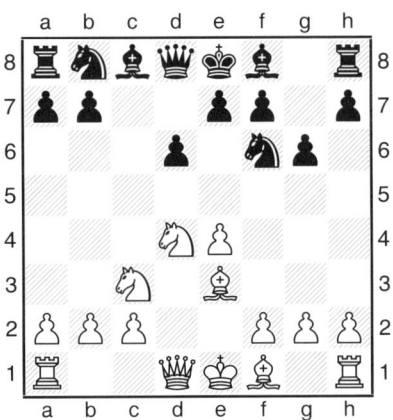

D1 nach 6.♗c1–e3

Die Drachenvariante der Sizilianischen Verteidigung. Bis hierher ist nichts besonderes passiert und das könnte auch so bleiben, wenn Schwarz normal mit ♗f8–g7 oder auch ♘b8–c6 fortfährt. Weiß würde dann mit f2–f3, ♕d1–d2 und der langen Rochade fortsetzen.

Aber Schwarz hat eine tolle Idee entwickelt:

Mit **6...♘f6–g4?** könnte man sich doch das Läuferpaar sichern und nach Abtausch des schwarzfeldrigen Läufers würde sein Fianchettoläufer unangefochten die Diagonale beherrschen!

Ein überzeugender Plan. Aber wie heißt es doch? "Der beste Plan geht schief, sobald der Feind in Sicht kommt."

Stimmt:

7.♗f1–b5+ *(D2)* und Schwarz ist verloren.

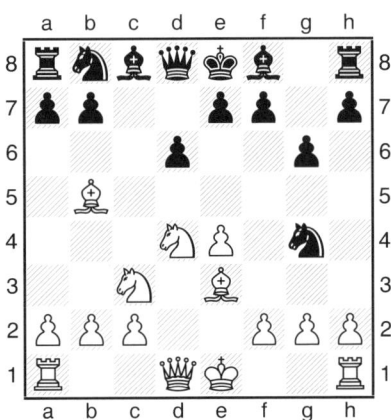

D2 nach 7.♗f1–b5+

Nach **7...♗c8–d7** ist der Deckungsläufer gefesselt und eine gefesselte Figur kann nicht verteidigen, also einfach 8.♕d1xg4.

7...♘b8–c6 verzögert ein wenig, aber nach **8.♘d4xc6 b7xc6 9.♗b5xc6+ ♗c8–d7** *(D3)* gewinnt 10.♗c6xa8 die Qualität.

Eine kleine Feinheit ist **10.♗e3–d4 f7–f6** (andere Züge sind auch nicht besser) und nun **11.♗c6xa8**, was den hässlichen Doppelbauern auf der e–Linie vermeidet.

Selten wurde wohl ein Verstoß gegen das Gebot, eine Figur in der Eröffnung nicht ohne zwingende Notwendigkeit zweimal zu ziehen, derart drakonisch bestraft!

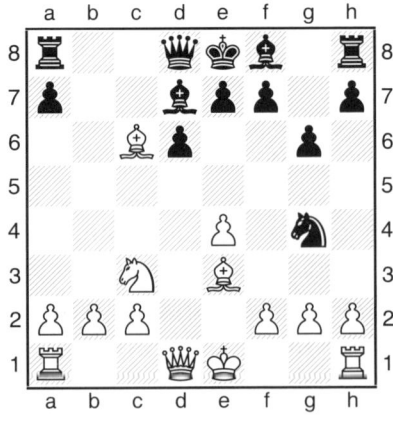

D3 nach 9...♗c8–d7

20 Wir wünschen wohl zu speisen: Der vergiftete Bauer

1.e2–e4 d7–d6 2.d2–d4 g7–g6 (D)

Schwarz hat die **Pirc-Verteidigung** gewählt, auch Modern Defence genannt. Der Zug d6 verhindert den Vorstoß e4–e5 und soll so den Verbleib des Springers auf f6 sichern. Dieser Aufbau ermöglicht Weiß, die klassische Zentrumsstrategie zu verfolgen: Bauern e4/d4 + Leichtfigurenentwicklung.

3.♘b1–c3 ♗f8–g7 4.f2–f4 c7–c6 sieht wie ein Patzerzug aus, weil er dem Springer das Feld c6 verstellt, ist aber sinnvoll. Mit d6–d5 kann Schwarz danach das gegnerische Zentrum "befragen", d.h. Abtausch oder Vorziehen des e-Bauern herbeiführen.

5.♗c1–e3 Eigentlich hätte man Sg1–f3 erwartet, um die Rochade vorzubereiten, aber durch den zurückhaltenden schwarzen Aufbau kann Weiß fast alles spielen.

5...♛d8–b6 *(D2)* **6.a2–a3**

Normale Abwehrzüge wären hier entweder 6.♖a1–b1 oder 6.♘c3–a4 Der Doppelangriff 6...♛b6–b4+ wird durch 7.c2–c3 neutralisiert, auf 7...♛b4–a5 folgt 8.b2–b4 und der Springer kommt über b2 zurück ins Spiel. Aber Weiß hat gesehen, dass der Be2 gar nicht bedroht ist und eine Falle gestellt:

6...♛b6xb2 Vorsicht mit dem Bauernraub! Oft entpuppt sich der Ausflug der Dame nach b2 (b7) als Reise ohne Wiederkehr! Hier ist auch schon das Ende der Partie erreicht, denn **7.♘c3–a4** *(D3)* greift die Dame an und nimmt ihr das Fluchtfeld b6.

7...♛b2xa1 8.♛d1xa1 und Weiß gewinnt.

Auch in anderen Fällen, wo der Bauer nicht vergiftet ist, kostet seine Eroberung und die Rückführung der Dame oft so viel Zeit (Tempi), das er zu teuer erkauft ist.

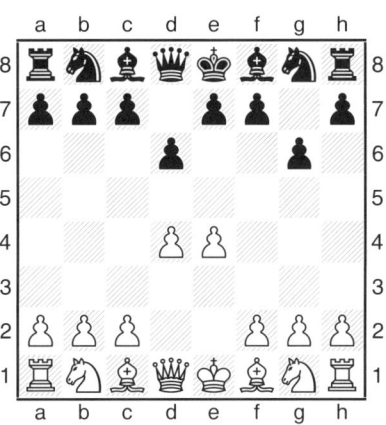

D1 nach 2...g7–g6

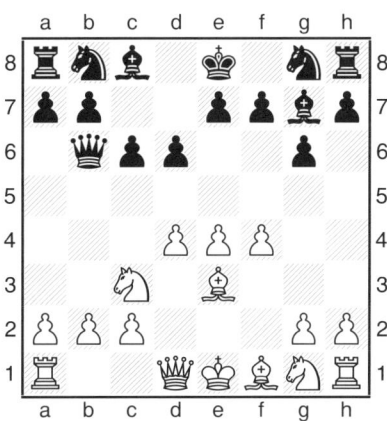

D2 nach 5...♛d8–b6

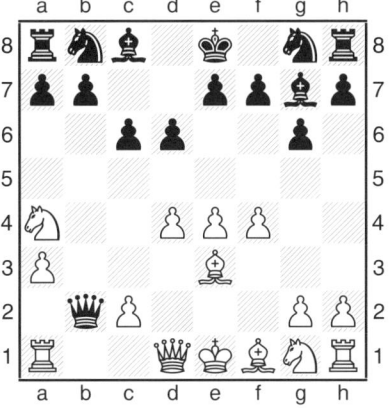

D3 nach 7.♘c3–a4

21 "Todsichere" Aufbauten

Unerfahrene Spieler versuchen manchmal, durch zurückhaltendes Spiel eine "sichere" Stellung zu erreichen, um sich lange halten zu können. Das Fianchetto eines Läufers (oder beider Läufer), Bauernzüge, die die 3.(6.) Reihe nicht überschreiten und Springerzüge auf die 2.(7.) Reihe sind beliebte Methoden. Einen solchen "todsicheren" Aufbau sehen wir in dieser Partie:

**1.g2−g3 ♞g8−f6 2.♗f1−g2 e7−e5
3.d2−d3 ♗f8−c5**

Schwarz hat nach dem bewährten Entwicklungsschema alles richtig gemacht:

Einen Bauern ins Zentrum gebracht, Springer und Läufer entwickelt, Rochade vorbereitet.

4.♞b1−d2?? *(D1)* Ein schwerer Fehler. Vermutlich wollte Weiß ♞e4 oder ♞b3 spielen, aber dazu kommt es nicht mehr. Mit 4.♞b1−c3 oder 4.e2−e4 hätte er noch in normale Eröffnungssysteme einlenken können und seine ersten Züge wären nur Zugumstellung gewesen.

4...♗c5xf2+ *(D2)* Der Schwachpunkt der Königsstellung ist in der Eröffnung f2 (f7) und oft bringen Opfereinschläge auf diesen Punkt große Probleme mit sich. Die hat hier auch Weiß:

5.♔e1xf2 *(Ablehnung s. nächste Seite)*
5...♞f6−g4+

Nun hat Weiß drei Möglichkeiten, allerdings eine so unerfreulich wie die andere:

A) 6.♔f2−e1 ♞g4−e3 Die Dame ist "matt";

B) 6.♔f2−f1 ♞g4−e3+ gewinnt ebenfalls die Dame

C) 6.♔f2−f3 rettet die Dame, aber nach **♛d8−f6+** *(D3)* **7.♔f3xg4 d7−d5+**
8.♔g4−h5 ♛f6−h6# sind statt dessen

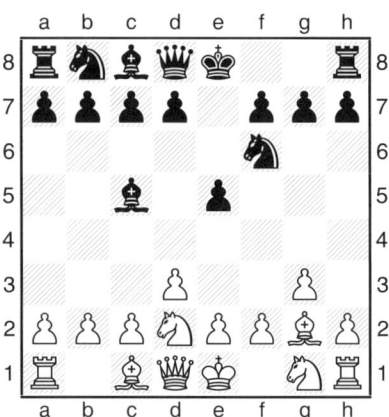

D1 nach 4.♞b1−d2??

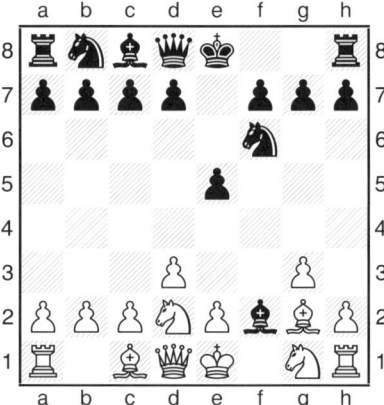

D2 nach 4...♗c5xf2+

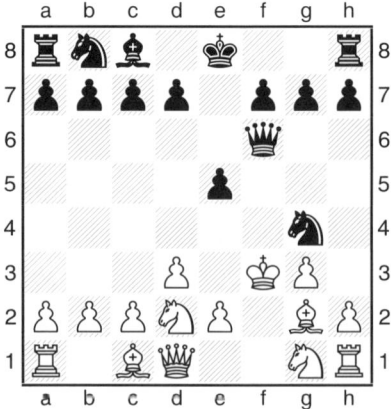

D3 nach 6...♛d8−f6+

König und Partie verloren, was aber vermutlich in einer solchen Stellung nicht einmal die schlechteste Lösung ist!

Die Ablehnung

Um das Schlimmste zu vermeiden muss Weiß das Opfer ablehnen, steht dann aber schlecht: Bauernverlust, Rochadeverlust, eine ungünstige Position des Königs, der auch den Th1 einsperrt. Es könnte folgen:

5.♔e1-f1 *(D4)* **♞f6-g4** (droht ♞e3+)

6.♞d2-f3 ♝f2-b6 (droht die Gabel Sf2)

7.♞g1-h3 *(D5)*

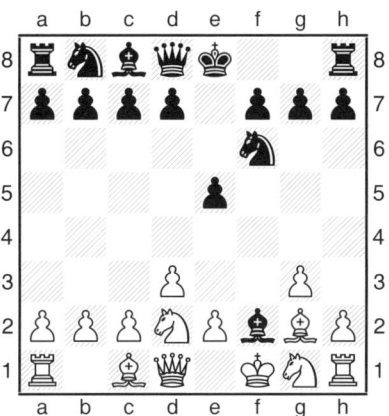

D4 nach 5.♔e1-f1

Schwarz hat nun verschiedene Möglichkeiten: 7...♞b8-c6, d7-d6, d6-d5 oder die Einengung 7...♞g4-e3+ 8.♝c1xe3 ♝b6xe3

In jedem Fall hat Schwarz einen Mehrbauern und kann durch ruhiges Weiterspielen (Entwickeln, Rochade) seinen Vorteil weiter ausbauen. Nicht so sinnvoll ist 7...0-0, denn der schwarze König ist völlig ungefährdet und das Tempo, das die Rochade kostet, könnte besser in Figurenentwicklung und Angriff investiert werden. Das Sprichwort "Man soll das Eisen schmieden solange es heiß ist" gilt besonders für solche Stellungen! Interessant ist die Fortsetzung

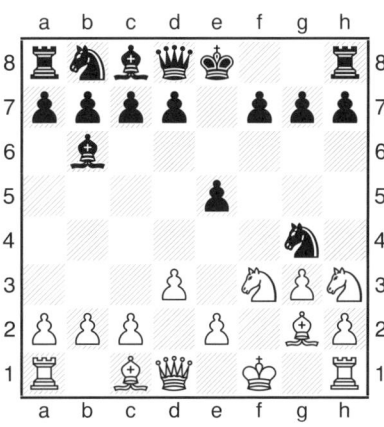

D5 nach 7.♞g1-h3

7.e2-e3 *(D6)* Schwarz kann nun zwar einen weiteren Bauern gewinnen, sollte aber lieber mit ♞c6 weiter entwickeln (und gleichzeitig den Bauern e5 decken), denn 7...♞g4xe3+ 8.♝c1xe3 ♝b6xe3 9.♛d1-e2 ♝e3-b6

(9...♝e3-d4 10.c2-c3)

10.♛e2xe5+ lässt Weiß wieder ins Spiel kommen. Also Vorsicht bei schnellen Materialgewinnen! Die Möglichkeit, den Gegner weiter unter Druck zu setzen und seine Entwicklung zu erschweren, ist fast immer mehr wert als ein kleiner Materialvorsprung!

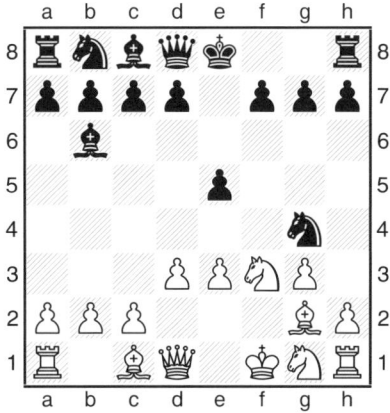

D6 nach *7.e2-e3*

22 Nachschlag: Fischer – Reshevsky 1958

Selbst für sehr starke Spieler kann es sehr gefährlich sein, bei beengter Stellung keine ausreichende Zentrumskontrolle zu besitzen. Diese leidvolle Erfahrung musste auch Samuel Reshevsky, damals der beste Spieler der USA, gegen seinen 15–jährigen Konkurrenten Bobby Fischer machen. Obwohl Schwarz bereits rochiert hat, ist der Punkt f7 weiterhin verletzlich:

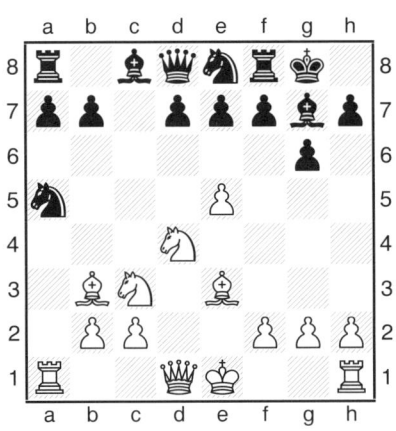

Fischer -Reshevsky, New York 1958

1.♗b3xf7+   ♔g8xf7

[1...♖f8xf7 ändert nichts]

2.♘d4–e6 *(D2)* und die Dame ist verloren.

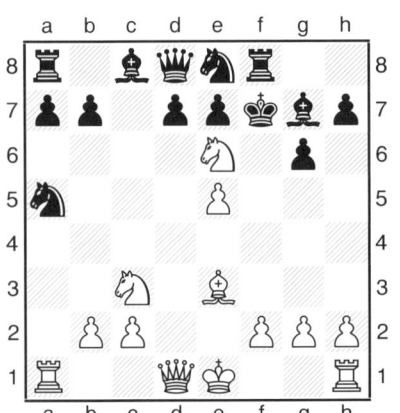

D2 nach 2.♘d4–e6

Natürlich kann der König den Springer schlagen, aber dann ist ähnlich wie in der vorhergehenden Partie sein Ende schon in Sicht:

2...♔f7xe6 3.♕d1–d5+   ♔e6–f5 4.g2–g4+ ♔f5xg4 5.h2–h3+ *(D3)*

und, wenn es bis zum Matt auch noch einige Züge dauert, braucht man kein Prophet zu sein, um dieses vorauszusagen!

Es kann folgen **5...♔g4–f5**

[5...♔g4–h5 6.♕d5–d1+ ♔h5–h4 7.♕d1–g4#;

oder 5...♔g4–h4 6.♕d5–e4+ usw.]

6.♖h1–g1   h7–h6

7.e5–e6+   ♗g7–e5

[7...♔f5–f6? 8.♗e3–d4#]

8.♗e3xh6   ♔f5–f6

9.♘c3–e4+   ♔f6–f5

10.♖g1–g5+   ♔f5–f4

11.♕d5xe5+   ♔f4–f3

12.♖g5–g3# [oder 12.♘e4–d2#]

Die Schachgöttin Caissa kennt keine Günstlinge und bestraft alle gleich, die ihre Gesetze und Prinzipien missachten!

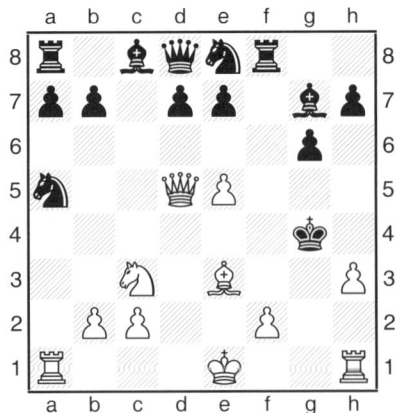

23 Am seidenen Faden - oder am Gummiband!

1.e2–e4 e7–e6 2.d2–d4 d7–d5

Schwarz hat die Französische Verteidigung gewählt und Weiß steht nun am Scheideweg mehrerer Hauptvarianten: **Schlagen** (Abtauschvariante), **Sc3** (dann hängt die weitere Entwicklung davon ab, ob Schwarz mit Sf6 oder Lb4 fortsetzt), **Sd2** (Tarrasch-Variante) oder **Vorziehen** (Vorstoßvariante). Für diese entscheidet sich Weiß:

3.e4–e5 c7–c5 *(D1)*

Der schwarze Standardplan. Der c-Bauer attackiert das Zentrum und will den Bd4 auf Dauer von seiner Basis lösen, z.B. nach c2–c3 mit c5xd4 und c3xd4. Auf den dann geschwächten Bauern drückt Schwarz mit aller Kraft, denn wenn er fällt, geht auf Dauer auch der Be5 verloren.

4.♘g1–f3 ♘b8–c6 5.c2–c3 ♗c8–d7 6.♗f1–b5 *(D2)*

Ein gleich in mehrfacher Hinsicht schlechter Zug. Der Läufer gehört auf die Diagonale b1–h7, denn er ist ein wertvoller Angreifer, sobald Schwarz kurz rochiert hat. Viele Mattangriffe sind mit dem Wirken des weißfeldrigen Läufers verbunden, so dass Läuferopfer auf h7.

Aber das wäre noch das geringste Übel. Der Läufer fesselt auf b5 keine Figur, kann mit a6 und b5 weit zurückgetrieben werden (= Tempoverluste) und würde, falls er sich abtauscht, den normalerweise eingesperrten Ld7 befreien. Dies wäre ein Riesenvorteil für Schwarz, denn der sogenannte "Franzosen-läufer", der auf c8 oder d7 untätig im Wege steht, könnte sich so befreien. Und abgesehen von diesen strategischen Fehlern entscheidet sofort simple Taktik:

6...♘c6xe5 *(D3)* Der Springer öffnet die Diagonale zum ungedeckten Lb5. Zieht dieser

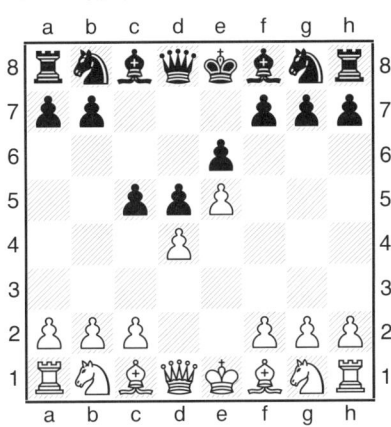

D1 nach 3...c7–c5

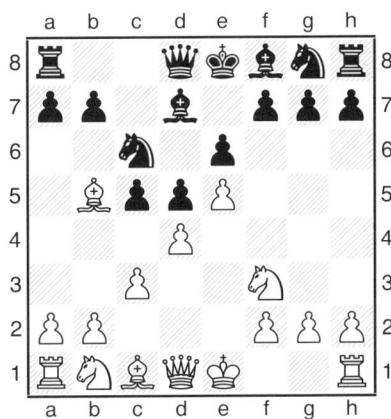

D2 nach 6.♗f1–b5

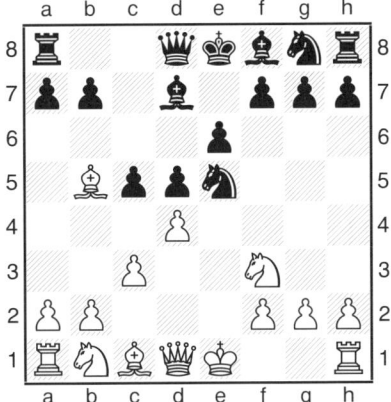

D3 nach 6...♘c6xe5

weg, ist der wichtige Be5 ohne jede Kompensation verloren, z.B.

7.♗b5xd7+ ♘e5xd7; oder

7.♘f3xe5 ♗d7xb5; oder

7.♗b5–e2 *(D4)* ♘e5xf3+ 8.♗e2xf3 ♘g8–f6

(8...c5xd4 9.♕d1xd4 – c3xd4 würde einen schwachen Bd4 als willkommene Angriffsmarke für Schwarz bilden – 9...♕d8–f6)

und Schwarz kann in Ruhe Richtung Endspiel abwickeln. Das "Zurückschnellen" des Springers wie am Gummiband sichert stets den Bauerngewinn und Schwarz kann sich nun völlig ungestört entwickeln und seinen

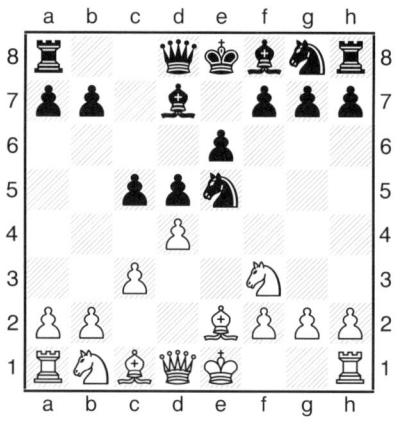

D4 nach 7.♗b5–e2

Vorteil nutzen. Also aufgepasst mit dieser Form der "Fesselung", man sollte immer schauen, ob nicht der gegnerische Springer am Gummiband hängt!

24 Unglaubliche Rettung

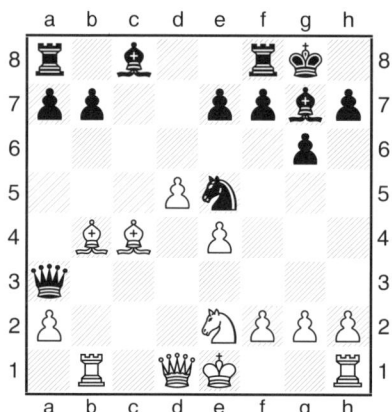

D1 Schwarz zieht - aber wohin bloß?

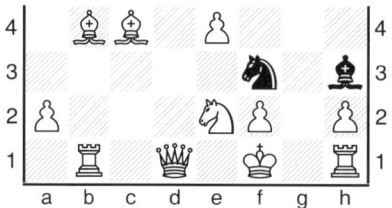

Es sieht böse für die schwarze Dame aus, die sich ganz schön vergaloppiert hat und von fast allen weißen Offizieren umzingelt keinen ersichtlichen Ausweg mehr hat.

Aber Schachgöttin Caissa lässt diesmal noch mal Gnade vor Recht ergehen. Wer nicht an Schachgöttinnen glaubt, macht eben eine kleine Besonderheit der Stellung für die Rettung verantwortlich.

Der überraschende Zug

1...♕a3–f3! lässt die Dame ungeschoren entkommen (und die Dame entkommt nicht nur, sie erobert auch z.B. nach 2.0–0 den Be4 und damit steht Schwarz besser), denn **2.g2xf3??** scheitert an ♘e5xf3+ **3.♔e1–f1 ♗c8–h3#** *(D2)*

Ein elementares, aber seltenes Läufer / Springer–Matt in geschwächter Rochadestellung.

25 Die Tücken der Fesselung - aber für wen?

1.e2–e4 e7–e5 2.♘g1–f3 ♘g8–f6 3.♘f3xe5 ♘b8–c6 *(D1)*

Russisch haben wir schon kennen gelernt. Schwarz gibt einen Bauern für forcierte Entwicklung. Das ist eigentlich keine gute Idee, denn bei vernünftigem weißem Spiel sieht Schwarz den Bauern niemals wieder.

4.♘e5xc6 d7xc6 5.d2–d3 ♗f8–c5 6.♗c1–g5 *(D2)*

Ein typischer Anfängerfehler, Anfänger lieben solche Fesselungen! Statt mit 6.♗f1–e2, was gleichzeitig ♘g4 verhindert und anschließender Rochade zu entwickeln, wählt Weiß diese sinnlose Fesselung, aus der Schwarz mit dem Doppelangriff 6...♕d8–d4 mit Vorteil entkommen könnte:

7.♗g5–h4 ♕d4xb2 8.♘b1–d2 usw.

Aber es kommt sogar noch viel schlimmer:

6...♘f6xe4 7.♗g5xd8

[7.d3xe4 *(D3)* verliert ebenfalls:

7...♗c5xf2+! 8.♔e1–e2 ♗c8–g4+

und durch die Weglenkung des Königs geht die Dame verloren: 9.♔e2xf2 ♕d8xd1 usw.]

7...♗c5xf2+ 8.♔e1–e2 ♗c8–g4#

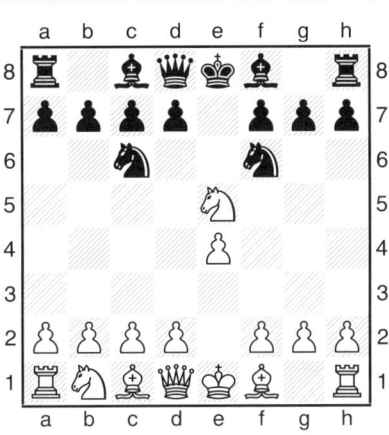

D1 nach 3...♘b8–c6

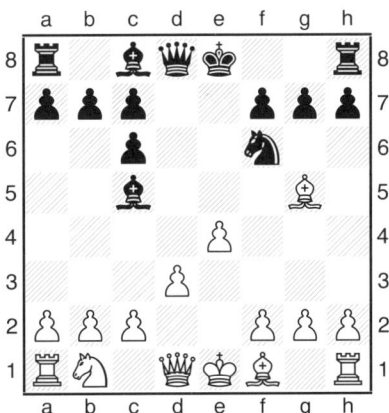

D2 nach 6...6.♗c1–g5

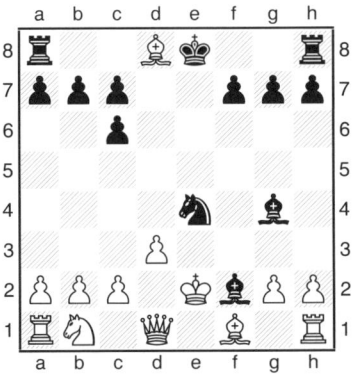

Im Zweifelsfalle sollte man in unbekannten Eröffnungen immer zuerst entwickeln, statt sich auf "Ausflüge" einzulassen!

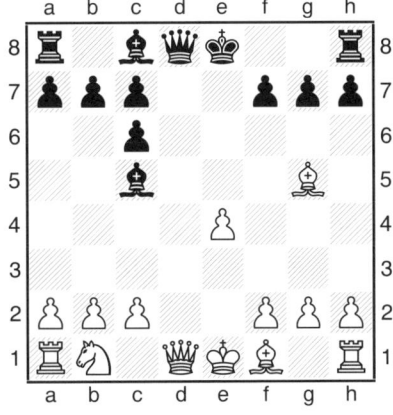

D3 nach 7.d3xe4 (Analyse)

26 Das "Erstickte Matt"

Der Begriff "Ersticktes Matt" oder auch kurz "Stickmatt" bezieht sich streng genommen auf eine Art des Matts wie in *D1*. Es ist ein sehr altes Mattmotiv und wird schon 1496 von Lucena erwähnt, hat aber seine Faszination bis heute nicht verloren.

Umgangssprachlich nennt man jedoch üblicherweise jedes Matt, bei dem der König von seinen eigenen Figuren umgeben / gehemmt ist, ein Stickmatt.

Wir schauen uns zunächst das Original an. In D1 sehen wir eine schematische Darstellung, bei der nur die direkt betroffenen Figuren verwendet werden.

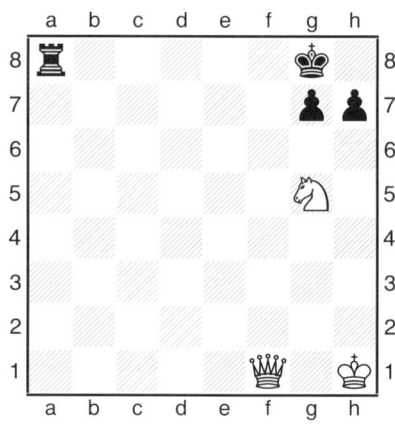

D1 Ausgangsstellung Stickmatt

1.♕f1–c4+ ♚g8–h8

[1...♚g8–f8?? 2.♕c4–f7#]

2.♘g5–f7+ ♚h8–g8 *(D2)* **3.♘f7–h6+**

Das Abzugsschach leitet den eigentlichen Mattangriff ein.

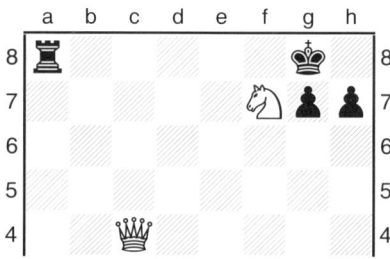

D2 nach 2...♚h8–g8

3...♚g8–h8 4.♕c4–g8+ ♖a8xg8

und nachdem nun der König von seinen eigenen Figuren umstellt ist, folgt das Stickmatt **5.♘h6–f7#** *(D3)*

D4 zeigt uns eine etwas andere Version des Stickmatts, bei der die Dame mit Hilfe des Läufers die Hinlenkung erzwingt:

D3 nach 5.♘h6–f7#

1.♕d5–g8+ ♖f8xg8 2.♘d6–f7#

Die notwendigen Voraussetzungen für diese klassische Formen des Stickmatts sind eine offene Diagonale a2–g8, die in vielen Eröffnungen durch Abtausch oder Vorziehen des f-Bauern entsteht, ein Springer, der auf das Feld f7(f2) ziehen kann und eventuell wird noch wie hier zusätzlich ein Läufer benötigt, der die Dame beim Hinlenkungsopfer deckt.

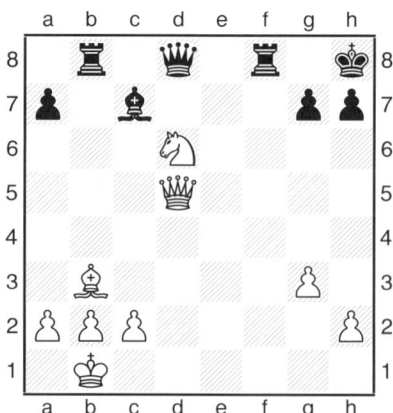

D4 Weiß zieht

Schon in der frühen Eröffnungsphase kann ein unaufmerksamer Spieler Opfer eines Stickmatts werden. Das passiert vor allem dann, wenn ein Spieler zu defensiv spielt und das Zentrum aufgibt.

In *D5* war Weiß nachlässig in der Entwicklung, mit **1.♘e5–d3#** folgt dafür die Strafe auf dem Fuß.

Eine Kurzpartie ähnlicher Art zeigt der Abschnitt *"Keine Luft für His Majesty"*.

Solche Stellungen sind natürlich das Ergebnis sehr schwachen Spiels. Aber in zahlreichen Formen kommen Stickmatt–Attacken in Partien auf allen Stärkeebenen vor. Das klassische Stickmatt–Motiv führt heute nur noch selten zum Matt, denn aufgrund der im Vergleich zur Vergangenheit allgemein gestiegenen Spielstärke kennen die meisten Schachfreunde natürlich diesen "Trick" und kaufen sich mit einem Qualitätsverlust frei.

In *D6* scheint noch keine Voraussetzung für ein Stickmatt gegeben zu sein. Die Diagonale ist geschlossen und der Springer noch nicht in Angriffsposition. Schwarz am Zug verteidigt den angegriffenen Be6 durch

1...♕d8–c8 2.♘e4–d6 ♕c8–c6

3.♗c4xe6+ *(D7)* **♗d7xe6**

[3...♔g8–h8 4.♘d6–f7+ ♖f8xf7 (4...♔h8–g8? 5.♗e6xd7 ♕c6xd7 6.♘f7–e5+ und jetzt ist sogar die Dame verloren!) 5.♗e6xf7 mit Qualitätsgewinn]

4.♕b3xe6+ ♔g8–h8 5.♘d6–f7+

Richtig wäre nun *5...♖f8xf7 6.♕e6xf7* usw.

Der junge, unerfahrene Spieler kannte offenbar das Mattmotiv nicht und hatte sich vielleicht schon heimlich auf ein Remis durch Dauerschach gefreut. Aber stattdessen nahm nun das Schicksal seinen Lauf:

5...♔h8–g8 6.♘f7–h6+ ♔g8–h8
7.♕e6–g8+ ♖f8xg8 8.♘h6–f7#

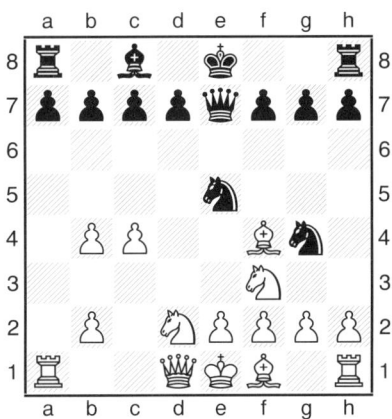

D5 Stickmatt in der Eröffnung

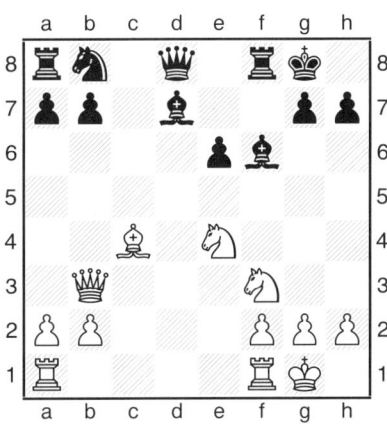

D6 Isigkeit – Ledowsky, 1997

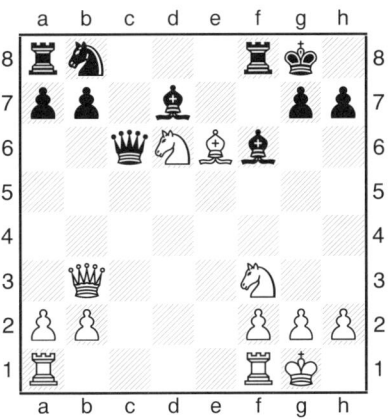

D7 nach 3.♗c4xe6+

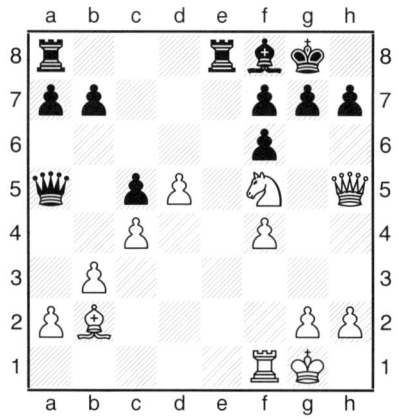

D8 Khalifman - Seirawan, 1991

Noch viel weiter von der Ausgangssituation entfernt scheint diese Stellung aus einer Großmeisterpartie zu sein. Aber auf Umwegen kommt das Stickmatt aufs Brett:

1.♘f5-h6+ ♔g8-h8

[1...g7xh6 verliert sofort durch 2.♕h5-g4+ ♔g8-h8 3.♗b2xf6+ ♗f8-g7 4.♕g4xg7#]

2.♕h5xf7 ♗f8-e7 und Schwarz hat die Drohung ♕g8# abgewehrt. Aber nun folgt **3.♕f7-g8+ ♖e8xg8** und diese Hinlenkung des Turms nach g8 hat ein Stickmatt ermöglicht: **4.♘h6-f7#**

Die Weglenkung ist oft der Wegbereiter von Stickmatt-Situationen. In *D9* sehen wir einen solchen Fall:

1.♘h3-g5 ♕e6-f5/g6 wendet das Matt auf h7 ab, aber das Weglenkungsopfer (von f7) **2.♕h5xh7+ ♕f5xh7** ermöglicht nun, den eingesperrten Eckkönig mit **3.♘g5xf7#** zu erlegen.

Wenn zwei Springer im Spiel sind, ergeben sich besondere Mattmöglichkeiten. In *D10* führt das Hinlenkungsopfer **1.♖h7-e7+ ♘c8xe7**

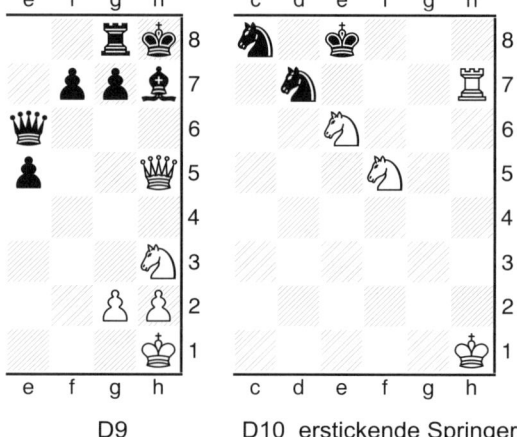

D9   D10 erstickende Springer

zu einer beengten Königsstellung, in der ein Springer einschnürt, der andere **2.♘f5-d6#** Matt setzt.

Ein Beispiel aus der Praxis zeigt uns *D11*:

1.♕h3-e6 ♘c6-d8 2.♕e6-f7+ ♘d8xf7 3.♘g5-e6#

Ein allerdings viel komplizierteres Matt ergibt sich auch durch *1.♕h3xh5 ♘e7-g6* 2.♕h5-h6+ ♔f8-e7 3.♕h6-g7+ ♔e7-d6 4.♘g5-e4+ ♔d6-e6 5.♕g7-d7#

Es gibt noch viele Arten des Stickmatts, die wir hier aus Platzgründen nicht alle zeigen konnten! Also aufgepasst!

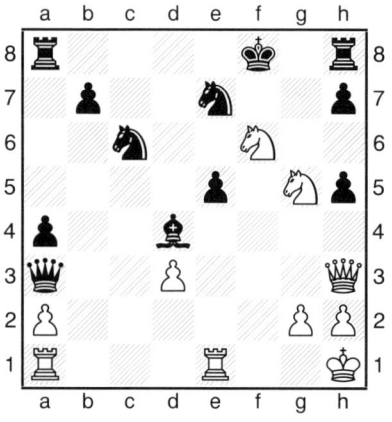

D11 Pascual-Perez - Lee,H 1995

27 Vom langweiligen Beginn zur schnellen Aktion

1.d2–d4 d7–d5 2.c2–c4 c7–c6

Schwarz nimmt das Damengambit nicht an, sondern verteidigt den d-Bauern mit c6. Damit lenkt er in die slawische Verteidigung ein. **3.c4xd5 c6xd5** *(D1* **4.g2–g3**

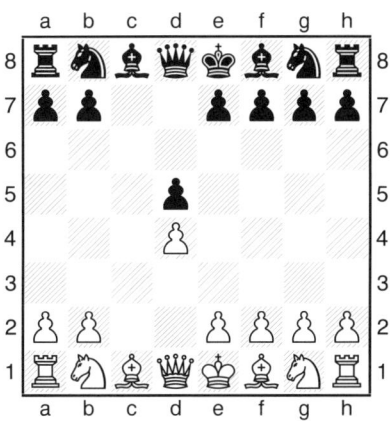

D1 nach 3...c6xd5

Eine Figurenentwicklung wie Sf3 oder Sc3 wäre eigentlich vorzuziehen, zumal Weiß damit seine Pläne noch nicht aufzudecken braucht. Das Fianchetto macht nicht unbedingt Sinn, denn der Läufer könnte vermutlich am Damenflügel oder von d3 aus (gegen die Rochadestellung) mehr Wirkung entfalten. Aber der Zug ist kein Fehler, in solchen Stellungen lässt sich vieles spielen.

4...♗c8–f5 Um mit e6 den d-Bauern zu befestigen, ohne den Läufer einzuschließen.

5.♗f1–g2 *(D2)* **♘b8–d7**

Man hätte wohl Sc6, Sf6 oder e6 erwartet, aber Schwarz stellt mit dem angebotenen Bauern eine Falle.

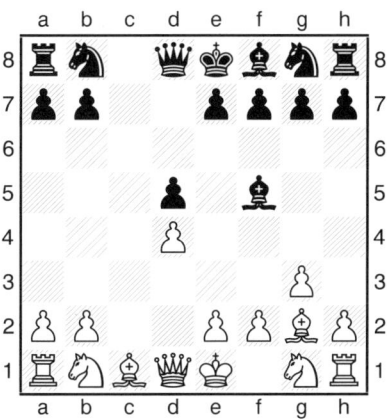

D2 nach 5.♗f1–g2

5...♗f5xb1 6.♖a1xb1 ♕d8–a5+ scheint einen Bauern zu gewinnen, aber 6.♕d1–a4+ z.B. 6...♘b8–c6 7.♖a1xb1 verhindert das.

6.♗g2xd5? ♗f5xb1

Jetzt ist die Zeit für diesen Angriff gekommen, denn kein Zwischenschach kann Weiß retten. Und nach

7.♖a1xb1 ♕d8–a5+ *(D3)* mit Doppelangriff ist sogar interessantere Beute als der ärmliche Ba2 im Visier! Deshalb musste auch der ♘b1 weg, er hätte dazwischen ziehen und damit den Läufer decken können!

8.♗c1–d2 ♕a5xd5 und endlich, aber viel zu spät, ein Springerzug – und nach

9.♘g1–f3 ♕d5xa2

gibt es obendrauf doch noch den a-Bauern!

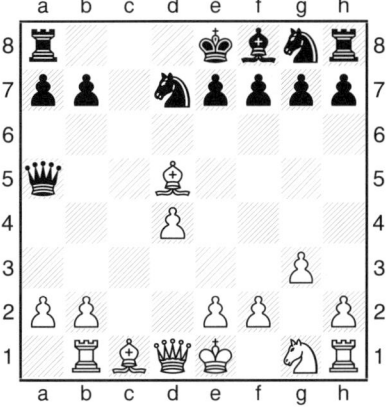

D3 nach 7...♕d8–a5+

28 Der Zentrumsfeger

1.e2–e4 e7–e5 2.♘b1–c3

Der Springerzug kann sowohl Zugumstellung zu verschiedenen Eröffnungen sein als auch die "Wiener Partie" einleiten. Diese entwickelt in ihrer ursprünglichen Form den Läufer nach c4, aktiviert mit d2–d3 den Läufer auf c1 und greift mit f2–f4 das Zentrum an. Sie ähnelt dem Königsgambit, ist aber wegen des soliden Zentrums viel sicherer, allerdings dafür auch weniger aggressiv.

2...♘g8–f6 3.♗f1–c4 ♘b8–c6

4.a2–a3 *(D2)*

[4.d2–d3 wäre hier besser gewesen. Weiß hatte wohl Angst vor Sc6–a5, aber das wäre keine Drohung gewesen. Nach 4...♘c6–a5 5.♗c4–b3 ♘a5xb3 6.a2xb3 besitzt Weiß die halboffene a–Linie. Der Doppelbauer ist keine Schwäche, denn der Bb3 kann später vorrücken und abgetauscht werden]

4...♘f6xe4

Mit diesem Scheinopfer kann Schwarz auf einen Schlag das weiße Zentrum neutralisieren.

5.♘c3xe4 d7–d5 *(D3)*

Weiß hat nun verschiedene Fortsetzungen, die durchweg zu ungefähr ausgeglichenen Stellungen führen:

6.♗c4–b5

6.♗c4–d3

6.♗c4xd5 Diese Variante schauen wir uns etwas näher an, weil sie einen kleinen taktischen Trick beinhaltet:

6...♕d8xd5 7.d2–d3 und nun nicht etwa 7...f7–f5? in der Hoffnung auf Materialgewinn, denn das ermöglicht den Ausfall 8.♕d1–h5+ ♕d5–f7 (8...g7–g6?? 9.♘e4–f6+) und führt zum Ausgleich.

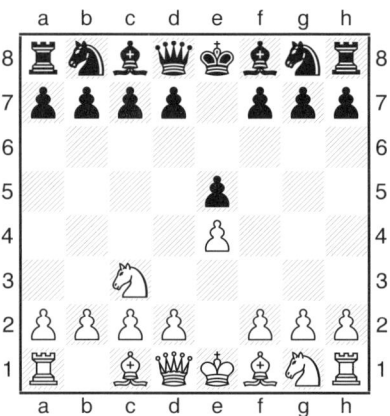

D1 nach 2.♘b1–c3

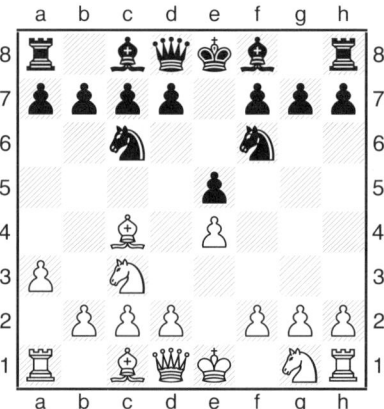

D2 nach 4.a2–a3

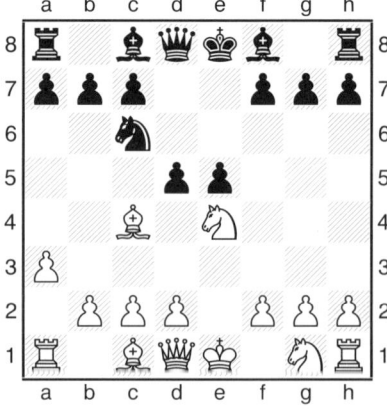

D3 nach 5...d7–d5

Der Zentrumsfeger kann in den verschiedensten Eröffnungen und mit Weiß oder Schwarz vorkommen. In dieser kleinen Partie ergibt sich nach

1.e2–e4 e7–e5 2.♘g1–f3 ♘b8–c6

3.♗f1–b5 ♘g8–f6 4.0–0 ♗f8–c5 *(D4)*
die typische Ausgangsstellung:

5.♘f3xe5 ♘c6xe5 6.d2–d4
mit Rückgewinn der Figur. Weiß hat die etwas bessere Stellung und steht gut positioniert für einen folgenden Angriff auf die Rochadestellung.

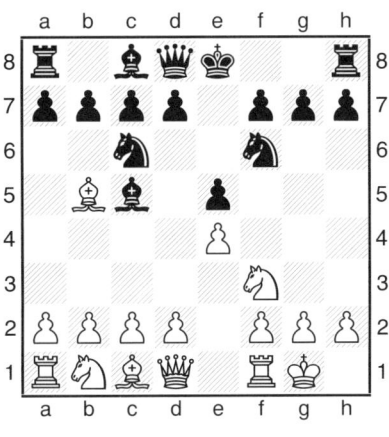

D4 nach 4...♗f8–c5

29 Zu viele Bauernzüge verderben die Partie

1.e2–e4 c7–c5 2.♘g1–f3 Alles fängt als ganz normaler Sizilianer an.

2...d7–d6   3.d2–d4 *(D)* Schwarz sollte den Bauern schlagen oder wenigstens ♘g8–f6 ziehen. Auf   4.d4xc5 würde Schwarz den Bauern mit   ♕d8–a5+ zurückerobern. Natürlich nicht 4...d6xc5? 5.♕d1xd8+ ♚e8xd8 mit Rochadeverlust

3...b7–b6? dagegen, der Versuch, den b-Bauern Richtung Zentrum zu entsenden, ist eine ausgemachte Schnapsidee und verstößt gegen das Prinzip, nicht zu viele

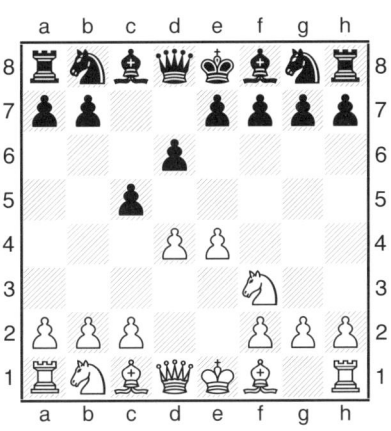

D1 nach 3.d2–d4

und vor allem keine unnötigen Bauernzüge in der Eröffnung zu machen.

4.d4xc5 *(D2)* **b6xc5?**

[**4...d6xc5** 5.♗f1–b5+ **A)** ♘b8–d7 6.♗b5–c6 ♖a8–b8 7.♗c1–f4 ♖b8–b7 hält den Verlust noch in Grenzen; ebenso

B) 5...♗c8–d7 6.♕d1–d5 ♗d7xb5 7.♕d5xa8 ♗b5–c6 8.♕a8xa7 ♗c6xe4.

Der Textzug allerdings spendet reichlich:

5.♕d1–d5 und der ♖a8 geht verloren.

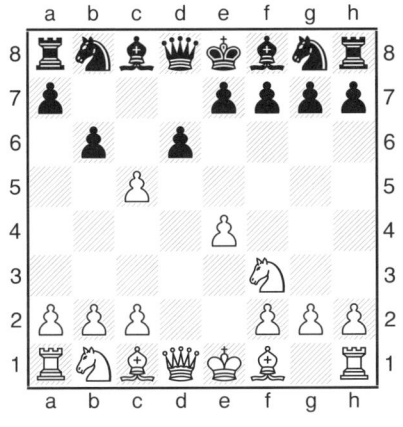

D2 nach 4.d4xc5

30 Verblockte Bauern und ein Durchbruch

Wenn sich gleichartige Bauern auf einer größeren Distanz gegenüberstehen, kann man meist davon ausgehen, dass die Stellung (einigermaßen vernünftiges Spiel und kein Eingreifen eines Königs vorausgesetzt) ausgeglichen bleibt.

In *D1* sehen wir jeweils drei verbundene Bauern am Damenflügel in der Grundstellung.

Es könnte folgen:

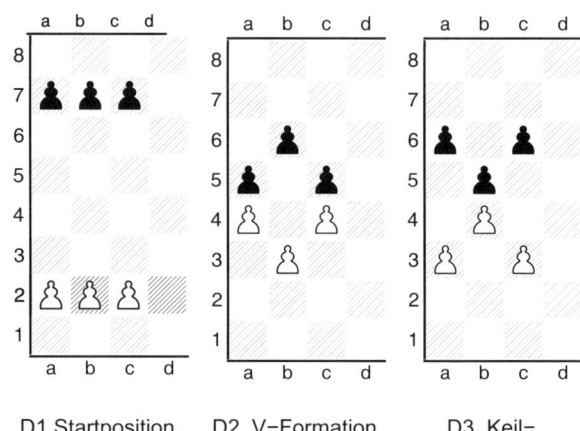

D1 Startposition   D2 V-Formation   D3 Keil-Formation

1.a2–a4 a7–a5 2.b2–b3 b7–b6 3.c2–c4 c7–c5 und die Position von D2 ist erreicht, alle Bauern sind festgelegt. Durch Zugumstellung kann es zur gleichen Position kommen, z.B. 1...c7–c5 2.c2–c4 a7–a5 3 .b2–b3 b7–b6 *(D2)*.

Mit dem b–Bauern lässt sich die Stellung sofort festlegen:

1.b2–b4 b7–b5 2.a2–a3 a7–a6 3.c2–c3 c7–c6 *(D3)*.

Nun haben wir zwar statt der V–Formation eine Keil–Formation, aber in beiden Fällen sind alle Bauern festgelegt, wer als erster ziehen muss (z.B. durch Zugzwang) verliert einen Bauern.

Aus dieser Betrachtung können wir einige Schlüsse für unser Endspielverhalten ziehen.

Wenn wir im Endspiel die Bauern festlegen, dann sollte das gute Gründe haben (z.B., weil unsere Figuren die gegnerischen Bauern dann leichter "abholen" können, oder wenn unser König näher an den Bauern steht mit ebensolcher Absicht). Trifft dies allgemein zu, dann sollten wir die Bauern festlegen.

Wenn das nicht der Fall ist (oder, schlimmer noch, diese Vorteile beim Gegner legen), sollten wir unsere Bauern nicht ohne zwingende Notwendigkeit festlegen und die Positionen in *D2* oder *D3* vermeiden.

Daraus ergibt sich auch, dass wir nicht frühzeitig und ohne Notwendigkeit die Bauern festlegen sollten (d.h., Bauernzüge machen, weil man keine andere Idee und keinen Plan hat, also Verlegenheitszüge), denn dann haben wir keine Wahlmöglichkeit mehr. Außerdem kommt man so schneller in Zugzwang, was manchmal die Partie kosten kann.

Statt die Bauern auflaufen zu lassen, ist manchmal auch ein Durchbruch möglich, wie wir im folgenden Beispiel sehen werden.

In *D4* stehen sich die drei Bauern zwar auch gegenüber, aber die weißen Bauern sind weit vorgerückt. Der drohende Angriff des schwarzen Königs kommt zu spät, denn Weiß am Zug wird sofort einen Durchbruch und damit die Umwandlung erzwingen.

Dazu muss er allerdings den richtigen Bauern vorstoßen, sonst führt die Stellung wieder zu einer festgelegten Bauernformation und Weiß würde verlieren, weil der schwarze König dann mühelos die Bauern erobert. Nur der Vorstoß des mittleren Bauern gewinnt:

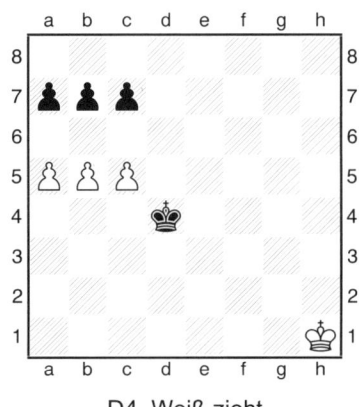

D4 Weiß zieht

1.b5−b6 *(D5)* Der Vorstoß ist ein Doppelangriff auf die gegnerischen Bauern a7 und c7. Das zwingt Schwarz, den Bauern zu schlagen. Dadurch wird eine Linie freigelegt.

1△a7xb6 Der a-Bauer hat nun noch einen Gegenspieler, nämlich den Bb7. Der wird mit

2.c5−c6 *(D6)* weggelenkt.

2...b7xc6 3.a5−a6 *(D7)* und der Bauer ist nicht zu stoppen.

Wenn Schwarz nach **1.b5−b6** mit *c7xb6* fortsetzt, ändert das nichts:

2.a5−a6 *(D8)* erzwingt **b7xa6** und nun bricht mit **3.c5−c6** der c-Bauer durch.

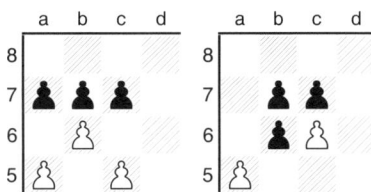

D5 nach **1.b5−b6**   D6 nach **2.c5−c6**

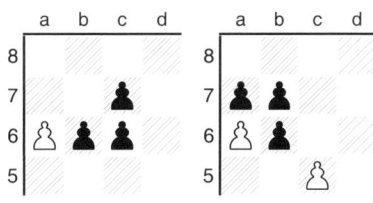

D7 nach **3.a6−a5**   D8 nach **2.a5−a6**

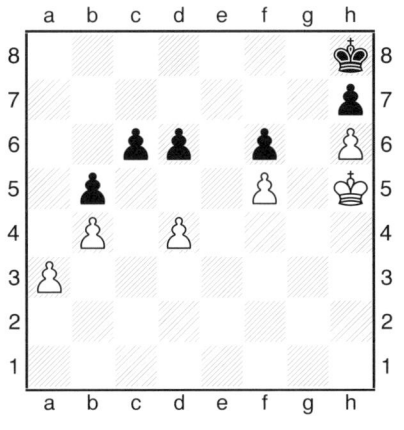

D9 Weiß am Zug bricht durch

Unser Musterdurchbruch kommt in dieser Form natürlich nur selten vor und diente ja auch nur zur Verdeutlichung des Prinzips.

In *D9* sehen wir eine praktische Stellung, in der sich drei Bauern beider Parteien (wenn auch nicht direkt) gegenüber stehen und mit den Prinzipien unserer Musterstellung ein siegreicher Durchbruch möglich ist. Aber aufgepasst, nicht jeder Durchbruch gewinnt!

(Auflösung auf der nächsten Seite unten)

31 Durchbruch durch die Kette

Scheinbar unüberwindlich blockiert die schwarze Bauernkette ihre Opponenten. Aber es gibt einen Durchbruch durch diese festgelegte Bauernkette. Mit einem Weglenkungsopfer fängt alles an:

1.g3–g4 f5xg4

[1...♚b7–c7 2.g4xf5 g6xf5 3.g5–g6 h7xg6 4.h6–h7 mit Umwandlung]

2.f4–f5 *(D2)*

Weglenkung Nr.2

2...g6xf5 3.g5–g6

und Nr.3 und nun wird der Weg frei:

3...h7xg6 4.h6–h7

mit Umwandlung und Gewinn.

Wenn statt des Bauern auf g3 ein Läufer oder ein Springer auf dem Brett sind, können diese ebenfalls den Durchbruch herbeiführen *(D3) (Zur Vorsicht sei angemerkt, dass entweder der ♘d4 oder der ♗h3 auf dem Brett sein sollen, nicht beide zugleich):*

1.♘d4xf5 [oder 1.♗h3xf5]

1...g6xf5 2.g5–g6 h7xg6 3.h6–h7

und Umwandlung im nächsten Zug.

Die Methode des Durchbruchs ist vor allem wichtig in Endspielen, die aus Geschlossenen Partien entstehen, in denen ja oft nur wenige Bauern abgetauscht werden und somit "festgefressene" Bauernketten vorkommen können.

Auflösung Durchbruch:

1.a3–a4 b5xa4 2.d4–d5 c6xd5 [2...c6–c5 ändert nichts 3.b4xc5 (oder 3.b4–b5) 3...d6xc5 4.d5–d6] **3.b4–b5** und Weiß wandelt mit Matt um.

Falsch ist **1.d4–d5** c6xd5 2.a3–a4 d5–d4 3.♔h5–g4 d4–d3 4.♔g4–f3 b5xa4 5.b4–b5 a4–a3 6.b5–b6 d3–d2 7.♔f3–e2 d2–d1♕+ (Lenkt den König auf die Grundreihe, so dass der nächste Freibauer mit Schach einziehen kann! 8.♔e2xd1 a3–a2 9.b6–b7 a2–a1♕+ und **Schwarz** gewinnt.

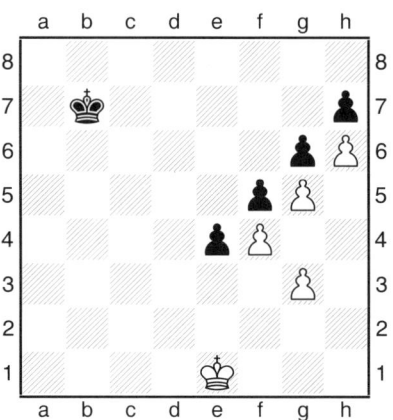

D1 Das andere Durchbruchsmotiv

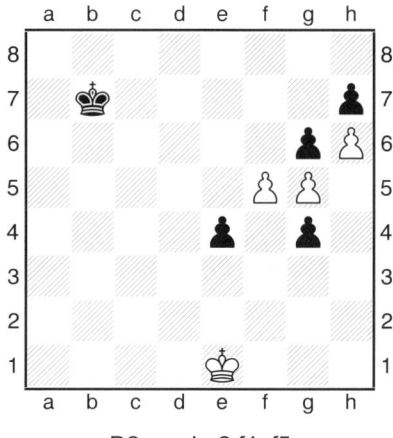

D2 nach 2.f4–f5

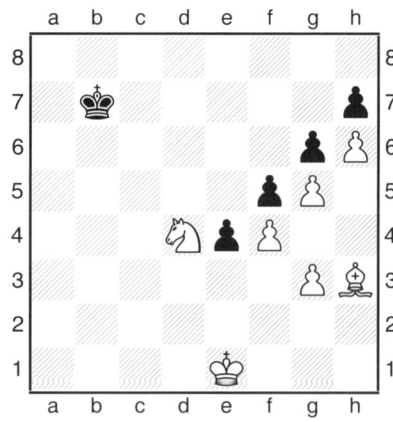

D3 Durchbruch mit einer Leichtfigur

32 Falscher Geiz und verkrampfte Stellungen

Das Damengambit ist eigentlich kein echtes Gambit, weil Schwarz den ihm angebotenen Bauern nicht behalten kann, heißt es. Das muss man etwas relativieren, denn u.U. kann Schwarz zwar den Bauern zumindest für eine Weile behaupten, bekommt aber eine etwas schlechtere Stellung. Schon 1620 wurde einem unbekannten Gegner des Meisters el Greco demonstriert, dass die Verteidigung des Bauern seine Tücken hat:

1.d2–d4 d7–d5 2.c2–c4 d5xc4 3.e2–e3 b7–b5? *(D)* **4.a2–a4 c7–c6?**

In der Partie folgte

5.a4xb5 c6xb5 6.♕d1-f3 *(D2)*

Eine böse Überraschung, denn der ♖a8 kann nicht gedeckt werden. Der Billigmacher ist **6...♘b8–c6 7.♕f3xc6+ ♗c8–d7** z.B. **8.♕c6–b7 a7–a5 9 ♗c1–d2** und Schwarz wird seine vorgerückten Bauern auf Dauer kaum halten können.

Natürlich könnte Schwarz statt des schwachen 4...c7–c6 einen anderen Zug wählen.

4...a7–a6? allerdings scheitert natürlich an 5.a4xb5 und der Ba6 ist gefesselt und kann nicht zurückschlagen.;

4...b5–b4 gibt zwar den Bc4 zurück, behindert aber durch die Kontrolle der Felder a3/c3 die Entwicklung des Damenspringers. 5.♕d1-f3 kann jetzt durch c7–c6 entgiftet werden, z.B. 6.♗f1xc4 ♘g8–f6 *(D3)* und Schwarz hat zwar nichts verloren, ist aber auf lange Zeit an die Deckung des Bb4 gebunden. Die Deckung a7–a5 würde ihn zwar entlasten, aber im Endspiel sind solche weit vorgerückten, festgelegten Bauernformationen eine ernste Schwäche, die durchaus zur Niederlage führen kann.

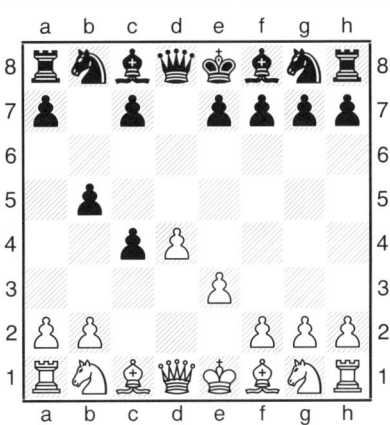

D1 nach 3...b7–b5?

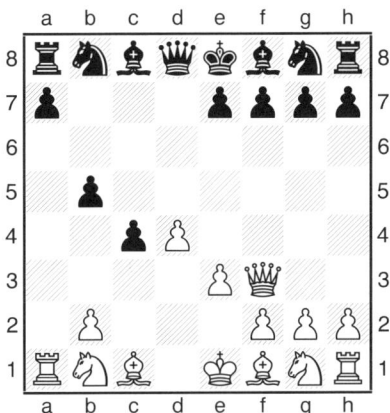

D2 nach 6.♕d1-f3

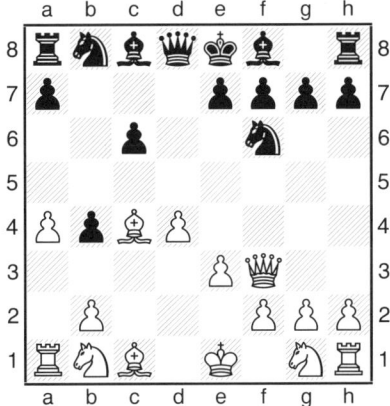

D3 nach ♘g8–f6 (Analyse)

Bleibt noch **4...♗c8–d7** *(D4)*, was die Bauernstruktur nicht schwächt und sogar ein wenig entwickelt.

5.a4xb5 ♗d7xb5 6.♘b1-a3

(Weiß kann auch einfach schlagen:

6.♗f1xc4 (D5) ♗b5xc4 *7.♕d1-a4+* und der Doppelangriff gewinnt den Läufer zurück:

7...♘b8–d7 8.♕a4xc4 Ein typisches Motiv, das man sich merken sollte!

Schwarz hat nun zwei mögliche Läuferzüge:

A) 6...♗b5–a6 *(D6)* 7.♕d1-f3 c7–c6 8.♘a3xc4 *(D7)* mit der fürchterlichen Drohung 9.♖a1xa6 (ein weiteres wichtiges Motiv) ♘b8xa6 10.♕f3xc6+ ♕d8–d7 11.♕c6xa8+ und haushoher Gewinnstellung für Weiß. Dagegen hilft 8...♕d8–d5.

B) 6...♗b5–c6 7.♘a3xc4 *(D8)* und Weiß hat mehr Anteil am Zentrum und kann auf der halboffenen a–Linie stets Druck auf den Ba7 ausüben.

Es ist also anzuraten, sich nicht geizig an den Mehrbauern zu klammern, sondern ihn leichten Herzens zurückzugeben und dafür die Entwicklung der eigenen Figuren in den Vordergrund zu rücken!

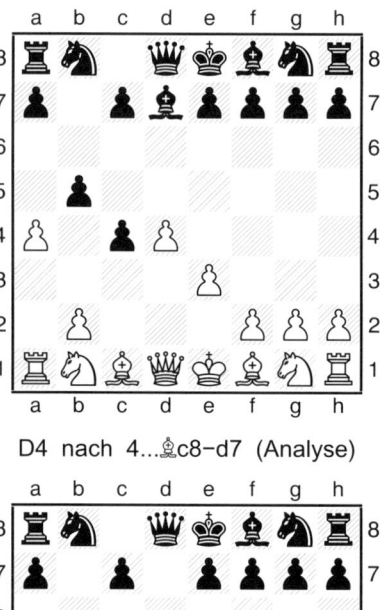

D4 nach 4...♗c8–d7 (Analyse)

D5 nach 6.♗f1xc4

Um diese Stellung und ihre Motive und Möglichkeiten aber wirklich verstehen zu lernen ist es sinnvoll, in Trainingspartien gegen den Computer alle Möglichkeiten einmal auszuprobieren und die sich ergebenden Stellungen wie etwa D7 und D8 auszuspielen.

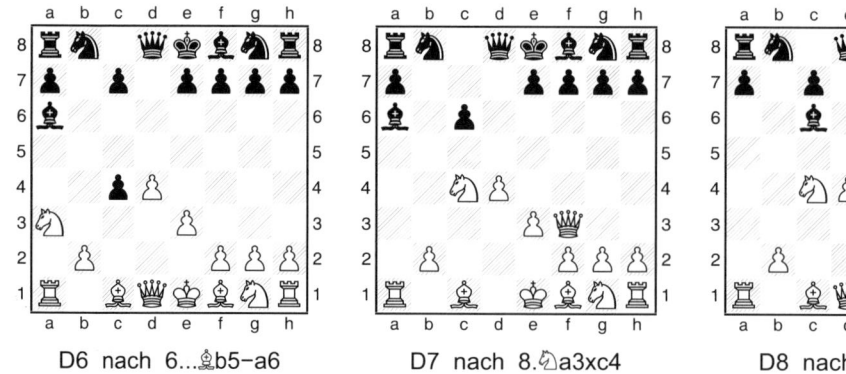

D6 nach 6...♗b5–a6   D7 nach 8.♘a3xc4   D8 nach 7.♘a3xc4

33 Eine Falle, die mit Vorsicht zu genießen ist!

**1.e2–e4 c7–c6 2.d2–d4 d7–d5
3.♘b1–c3 d5xe4**

In dieser Variante der Caro–Kann–Verteidigung sorgt Schwarz gleich für klare Verhältnisse im Zentrum und tauscht ab.

4.♘c3xe4 ♘g8–f6 *(D)* **5.♘e4–g3**

[Normalerweise wird 5.♘e4xf6+ e7xf6 gespielt, aber auch 5...g7xf6 ist möglich. Mit dem Rückzug des Springers hat Weiß nichts gewonnen]

5...h7–h5

Schwarz spielt auf Falle. Die übliche Fortsetzung ist 5...e7–e6 6.♘g1–f3 b7–b6. Die Stellung ist völlig ausgeglichen und Weiß hat kaum Aussichten, Vorteil zu erreichen.

6.♗c1–g5

Plant, durch Abtausch das Feld e4 wieder zugänglich zu machen, um so den lästigen Rückzug ♘g3–e2 zu vermeiden – ein verhängnisvoller Plan!

Besser wäre 6.c2–c3 h5–h4 7.♘g3–e2 und später kommt der Springer über f4 wieder ins Spiel.

6...h5–h4 *(D2)* **7.♗g5xf6**

[Letzte Chance in ruhiges und sicheres Spiel einzugehen:
7.♘g3–e2 ♘f6–e4 8.♗g5–f4 ♕d8–b6
9.♕d1–c1 würde alles zusammenhalten]

7...h4xg3 8.♗f6–e5 ♖h8xh2 9.♖h1xh2 *(D3)*

Soweit scheint alles unter Kontrolle, aber nun platzt die Bombe:

9...♕d8–a5+ *(D4)*

Eine große Überraschung, denn eigentlich hätte man wohl 9...g3xh2 ♗e5xh2 mit Ausgleich erwartet.

Nun entscheidet sich auch, ob und für wen die Falle eine ist:

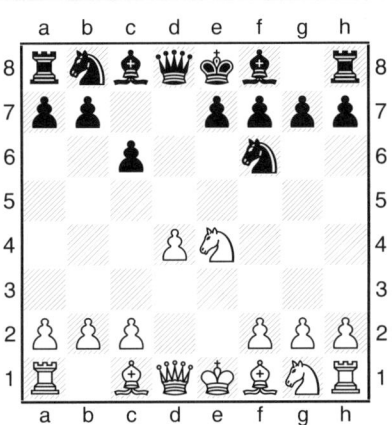

D1 nach ♘g8–f6

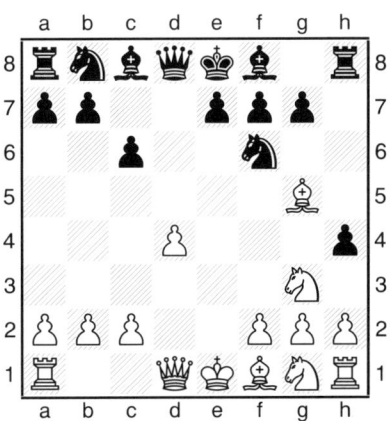

D2 nach 6...h7–h5

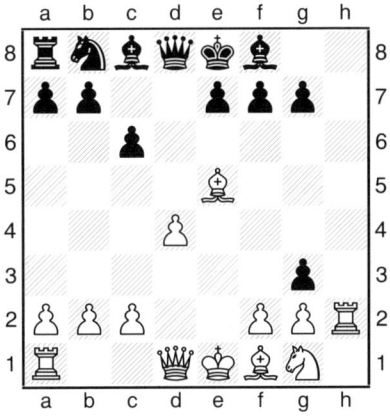

D3 nach 9.♖h1xh2

10.♕d1–d2

[10.c2–c3? ♕a5xe5+ 11.d4xe5 g3xh2
12.♘g1–f3 h2–h1♕ und Schwarz gewinnt
mit seiner Mehrfigur]

10...♕a5xe5+

Das ist ein hübscher Plan, der zwar in manchen Lehrbüchern angegeben wird, aber
ganz einfach nach

11.d4xe5 g3xh2 an **12.0–0–0** *(D5)* mit
Mattdrohung auf d8 scheitert!

Schwarz kann nun wählen zwischen:

A) *12...♗c8–d7* 13.♗f1–a6 h2–h1♕
14.♗a6xb7 und Turm und Partie gehen verloren.

B) *12...♘b8–d7* 13.♗f1–a6 h2xg1♕

Schwarz muss ins Endspiel mit gemischten
Figuren einlenken, und nach   14.♖d1xg1
b7xa6 15.♖g1–d1 e7–e6 ist ein zwar un-
gewöhnliches, aber ausgeglichenes Endspiel auf dem Brett.

C) (nach *12...♘b8–d7 13.♗f1–a6*)

13...h2–h1♕ 14.♗a6xb7 ♕h1–h6
15.♗b7xa8 ♕h6xd2+ 16.♖d1xd2 g7–g6
17.f2–f4 und Weiß sollte das Endspiel gewinnen können.

Der Gewinnweg aber ist ganz einfach:

10...g3xf2+ *(D6)*

11.♔e1–d1 ♕a5xd2+

12.♔d1xd2 f2xg1♕ und, obwohl alle Figuren gedeckt sind, ist Weiß am Ende.

Dieses Beispiel zeigt, dass

a) der subjektive Eindruck einer Stellung
arg täuschen kann:

b) man am Ende einer Variante - auch im
Buch - stets prüfen sollte, wie es weitergeht;

c) dass lange, kunstvolle Varianten mit ge-
sundem Misstrauen zu betrachten sind,
denn sie bieten dem Gegner mehr Chancen,
unerwartete Züge aufs Brett zu bringen.

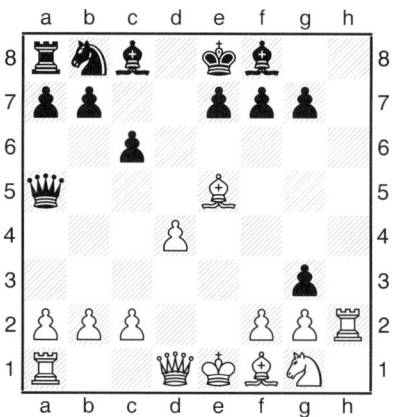

D4 nach 9...♕d8–a5+

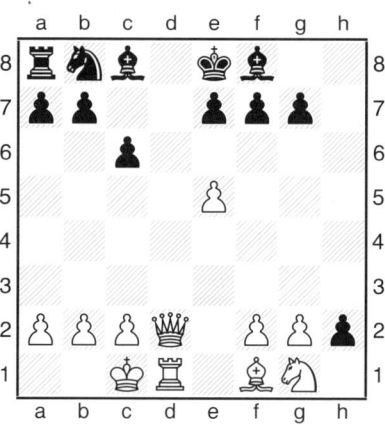

D5 nach 12.0–0–0

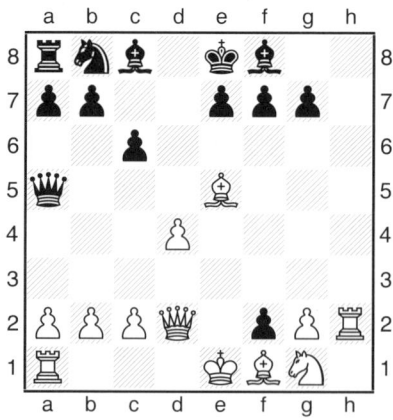

D6 nach 10...g3xf2+

34 Anastasias Matt

Um ein spezielles Mattmotiv zu erklären, konstruierte der Weltmeister Emanuel Lasker die folgende Partie für sein "Lehrbuch des Schachspiels". Wir wollen uns daher nicht so sehr mit den Eröffnungszügen befassen, sondern mit dem taktischen Gehalt.

Der Leser wird sicher über den seltsamen Namen staunen. Hat etwa eine russische Prinzessin dieses Matt eingeführt? Nun, ganz so glänzend ist die Herkunft dieses Namens leider nicht. In dem schon 1803 erschienenen, längst vergessenen Roman "Anastasia und das Schachspiel" kam diese Stellung vor und erhielt so ihren Namen.

1.e2–e4 e7–e5 2.♘g1–f3 ♞b8–c6
3.♗f1–b5 ♞g8–f6 4.0–0 ♞f6xe4
5.♖f1–e1 *(D1)* **♞e4–d6 6.♘b1–c3 ♞d6xb5**
7.♘f3xe5 *(D2)* **♞c6xe5?**

[7...♗f8–e7 8.♘c3xb5 ♞c6xe5 9.♖e1xe5 d7–d6 und die Stellung ist ausgeglichen;

7...♞b5xc3? Abzugsschach 8.♘e5xc6+ ♗f8–e7 9.♘c6xe7 ♞c3xd1 10.♘e7–c6+

Im Nachfassen gewinnt der Springer mit einem zweiten Abzugsschach die Dame

10...♚e8–f8 11.♘c6xd8]

8.♖e1xe5+ ♗f8–e7 9.♘c3–d5 0–0
10.♘d5xe7+ ♚g8–h8 11.♕d1–h5 *(D3)*

Nun ist die Ausgangsstellung für das Anastasia–Matt entstanden:

11...♞b5–d4 * 12.♕h5xh7+ ♚h8xh7
13.♖e5–h5#

* Natürlich ist diese Variante nicht zwingend.

(D3) **11...g7–g6** scheint alles zu klären, führt jedoch zu einer erstaunlichen Fülle neuer Mattmotive:

12.♕h5–h6 z.B. **d7–d6** und nun schafft Weiß eine neue Mattdrohung durch

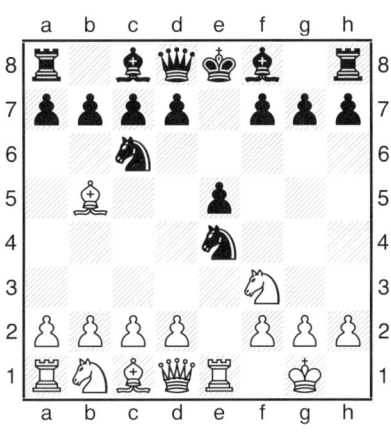

D1 5.♖f1–e1

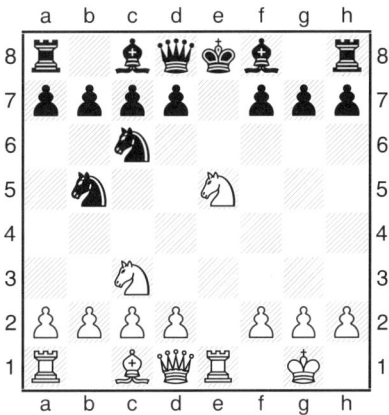

D2 nach 7.♘f3xe5

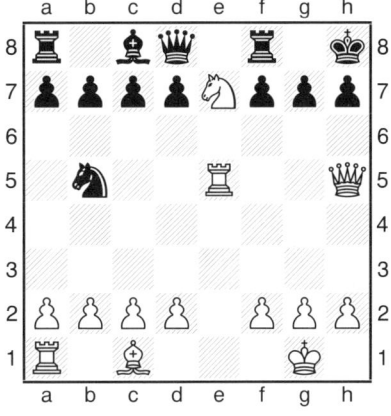

D3 nach 11.♕d1–h5

57

13.♖e5–h5 *(D4)* auf h7 und gewinnt nach **13...g6xh5** durch **14.♕h6–f6#**.

Die Alternative zum Matt auf h7 war die Weglenkung des Bg6 (bzw. Räumung eines Teils der 6.Reihe) und das damit ermöglichte Matt mit Springer und Dame.

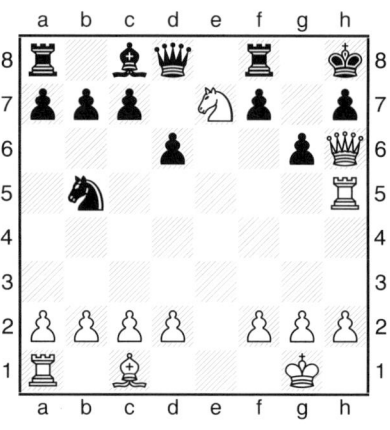

D4 nach 13.♖e5–h5

Auch diese Variante war noch nicht zwingend, denn *(nach 12.♕h5–h6)* mit dem Absperrzug **12...f7–f5** kann Schwarz auch dieses Matt verhindern, aber dann folgt **13.♘e7xg6+** *(D5)* ♔h8–g8

(Wer einfach und sicher spielen will, kann hier natürlich mit *14.♕h6xf8+ ♕d8xf8 15.♘g6xf8 ♔g8xf8 16.♖e5xf5+ ♔f8–g7 17.♖f5xb5* Kasse machen, ein vernünftiger Gegner dürfte wohl bald aufgeben. Es spricht absolut nichts gegen solche Abwicklungen, schließlich ist das oberste Ziel des Schachspiels, zu gewinnen!)

Aber auch wer schön gewinnen will, findet hier eine gute Fortsetzung:

14.♘g6–e7+ ♔g8–h8 **15.♖e5xf5** *(D6)* **15...♖f8xf5**

(*15...♖f8–g8 16.♕h6–f6+ ♖g8–g7 17.♕f6–f8+ ♕d8xf8 18.♖f5xf8+ ♖g7–g8 19.♖f8xg8#)*

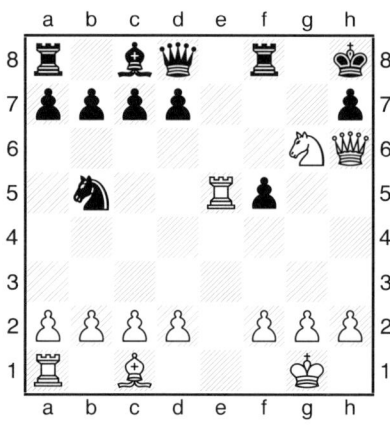

D5 nach 13.♘e7xg6+

16.♘e7xf5 ♕d8–g8 **17.♕h6–f6+** ♕g8–g7 **18.♕f6xg7#**, was allerdings nicht leicht vorauszuberechnen ist und schon eine gediegene Spielstärke voraussetzt.

Das Anastasia–Matt droht immer dann besonders, wenn Schwerfiguren entweder auf die offene h–Linie gelangen können oder vor ihrem h–Bauern operieren (z.B. nach h3 / h4 / h5 gelangen können. Ein vorgerückter Springer ist natürlich auch Bedingung.

Nachfolgend noch ein paar Beispiele, um das Mattmotiv besser behalten zu können

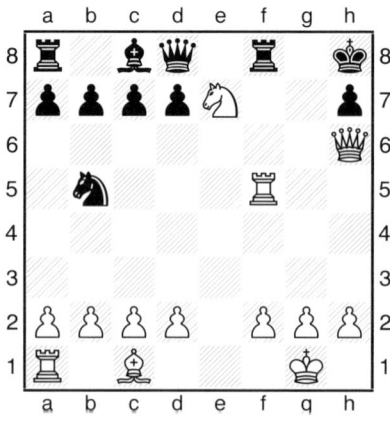

D6 nach 15.♖e5xf5

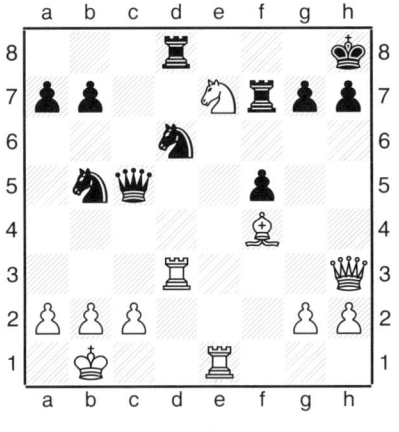

D1 Weiß zieht

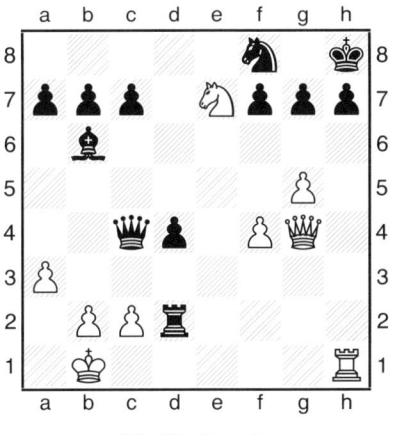

D2 Weiß zieht

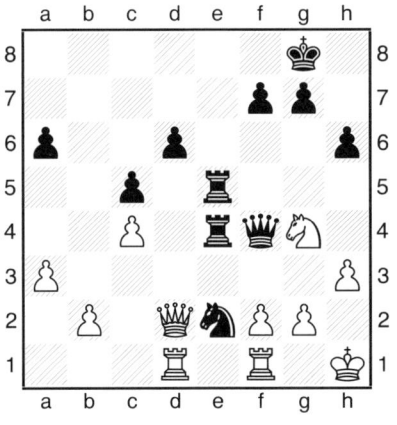

D3 Schwarz zieht

D1 Eine typische Ausgangsstellung für ein Anastasia-Matt und der Leser hat die Lösung gewiss sofort gesehen:

1.♕h3xh7+ ♚h8xh7 2.♖d3-h3#

Diese Stellung entstand in der Partie des damals 11jährigen Sergej Karjakin gegen Metsalu, Tallinn 2001.

Mit 12 Jahren und 7 Monaten war der junge Mann der jüngste Großmeister aller Zeiten und stürmt seitdem die Elo-Leiter nach oben zum Schacholymp.

D2 Wie viele andere Mattmotive kann auch das Anastasia-Matt in variierter Form vorkommen oder als Drohung den Gegner in Richtung anderer Mattmotive oder Gewinnvarianten drängen.

Hier passiert beides:

1.♖h1xh7+ ♞f8xh7

[1...♚h8xh7? 2.♕g4-h5# wäre eich "echtes" Anastasia-Matt]

2.♕g4-c8+ ♞h7-f8 3.♕c8xf8+ ♚h8-h7

und, in Ermangelung einer Schwerfigur auf der h-Linie, muss diesmal das Matt von hinten kommen: **4.♕f8-g8#**

D3 Hier ist unser Anastasia-Matt gut versteckt und es bedarf intensiverer Anstrengungen als in den vorhergehenden Stellungen, den Mattweg zu finden:

1...♕f4xg4 2.h3xg4 öffnet die h-Linie

[2.♕d2xd6 ♖e5-h5 3.♕d6-h2 und Schwarz braucht nur noch abzuwickeln]

2...♖e5-h5+ 3.g4xh5 lenkt den störenden Bauern weg und nun folgt **3...♖e4-h4#**

35 Doppelbauern - oft besser als ihr Ruf!

Viele unerfahrene Schachspieler haben Angst davor, sich einen Doppelbauern "andrehen" zu lassen. Im umgekehrten Fall, wenn sie dem Gegner einen Doppelbauern "verpasst" haben, glauben sie besser zu stehen. Im Fällen wie in *D1* mag das durchaus zutreffend sein. Der Doppelbauer am Damenflügel kann von allen Seiten - besonders von feindlichen Schwerfiguren - angegriffen werden und dürfte bald verloren gehen. Der Doppelbauer am Königsflügel lädt den Gegner förmlich zum Mattangriff ein.

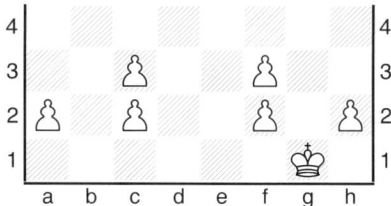

D1 Schwache Doppelbauern

In anderen Fällen jedoch ist ein Doppelbauer keine oder nur in geringem Maße eine Schwäche. In einigen Fällen kann ein Doppelbauer sogar stark sein.

Nach den Zügen **1.e2–e4 e7–e5 2.♘g1–f3 ♘b8–c6 3.♗f1–b5 a7–a6 4.♗b5xc6 d7xc6** *(D2)* ist in der Abtauschvariante der Spanischen Partie ein Doppelbauer auf der c–Linie entstanden. Er bietet jedoch keine angreifbare Schwäche und durch seine Entstehung wurde die d–Linie und ebenso die Diagonale für den Lc8 geöffnet. Die geringe Schwächung der schwarzen Damenflügelbauern (durch die etwas geringere Mobilität des Doppelbauern) macht sich erst spät im Endspiel bemerkbar und verliert auch dann keinesfalls automatisch. So hat Schwarz freies Figurenspiel, was eine absolut ausreichende Kompensation für den Doppelbauern bietet.

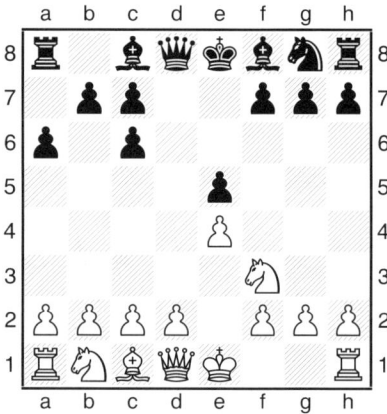

D2 nach 4...d7–d6 (Spanisch)

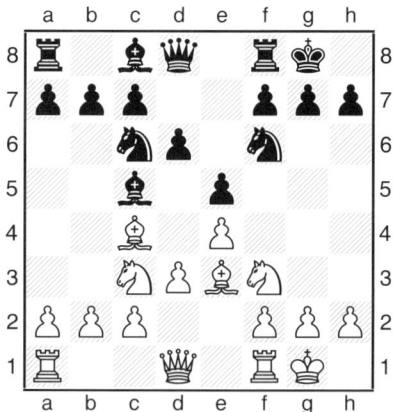

D3 nach 7.♗c1–e3 (Italienisch)

Nach **1.e2–e4 e7–e5 2.♘g1–f3 ♘b8–c6 3.♗f1–c4 ♗f8–c5 4.♘b1–c3 ♘g8–f6 5.0–0 0–0 6.d2–d3 d7–d6 7.♗c1–e3** *(D3)* ist in der Italienischen Partie eine Stellung entstanden, die zu drei verschiedenen Doppelbauern führen kann. Schwarz kann die Läufer abtauschen, wodurch ein Doppelbauer auf e entsteht. Schwarz kann Lc5–b6 ziehen, worauf Weiß mit Le3xb6 einen Doppelbauern schaffen kann.

Schwarz kann Le3 ignorieren und z.B. h6 zie–hen, worauf Weiß den Lc5 schlagen könnte und einen Doppelbauern auf c geschaffen hätte. Welche von diesen möglichen Doppelbauern sind wünschenswert und welche nicht?

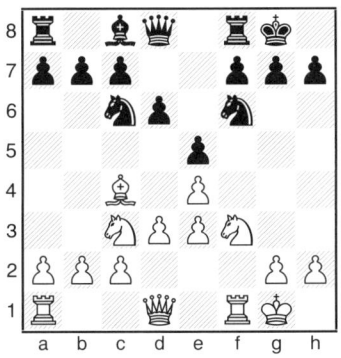
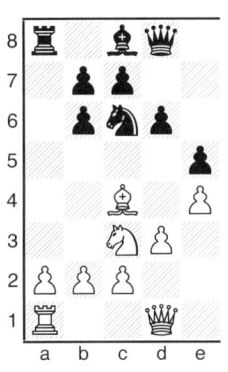
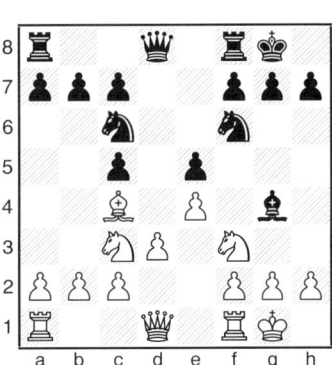

D4 Doppelbauer im Zentrum   D5 Doppelbauer auf b   D6 Doppelbauer auf c

Tatsächlich sind alle drei Arten von Doppelbauern keine Schwäche. Der Be3 *(D4)* deckt die wichtigen Felder d4 und f4 und kann den Vorstoß d3–d4 unterstützen. Er verhindert auch, dass sich (z.B. nach ...Lc8–g4) ein Springer auf d4 einnistet. Auch die Öffnung der f–Linie ist günstig für Weiß.

Der Doppelbauer auf der b–Linie *(D5)* entstand *(ausgehend von D3)* nach **7...♗c5–b6 8.♗e3xb6 a7xb6**. Auch er ist keine Schwäche. Weiß kann den Doppelbauern nicht angreifen. Seine Entstehung hat Schwarz die a–Linie geöffnet, was generell günstig ist.

Der Doppelbauer auf der c–Linie entstand nach *(wieder ausgehend von D3)* **7...♗c8–g4 8.♗e3xc5 d6xc5** *(D6)*. Optisch wirkt er zwar schwächer als die Doppelbauern in D4 und D5, ist jedoch nicht wirklich schwach. Bc5 wirkt ins Zentrum und kontrolliert das Feld d4. Er ist mit b7–b6 leicht zu verteidigen. Und durch ihn ist die d–Linie geöffnet.

Für die Einschätzung eines Doppelbauern ist in erster Linie wichtig, ob er für den Gegner in nächster Zeit leicht angreifbar ist. Das ist vor allem dann der Fall, wenn eine Bauernkette durch die Entstehung des Doppelbauern in kleine Teile (Bauerninseln) zerlegt wird. Eine Bauernkette leichter zu verteidigen als vereinzelte Bauern, wie etwa der Ba2 oder Bh2 in *D1*. Der isolierte Doppelbauer ist besonders schwach, weil er von allen Seiten angreifbar ist und keine Unterstützung durch Nachbarbauern bekommen kann.

Ist der Doppelbauer für den Gegner nicht leicht oder gar nicht angreifbar wie in *D4 - D6*, so ist keine akute Schwäche gegeben.

Die Schwächung, die ein Doppelbauer eventuell durch die geringere Mobilität der Bauernkette bewirkt, wird fast immer durch die Linie, die seine Entstehung öffnet, kompensiert. Doppelbauern, die in der Eröffnung entstehen, können natürlich ihren Wert oder Unwert im Verlaufe der Partie ändern.

Der Doppelbauer auf der c–Linie *(D7)* hat sich vermutlich in Eröffnung und Mittelspiel nicht störend aufgewirkt. Aber nun im Endspiel besitzt Weiß durch ihn eine Bauernmehrheit (Majorität) am Königsflügel, mit der man Gewinnversuche starten kann. Würde der Bc6 auf d6 stehen, wäre die Stellung dagegen ausgeglichen.

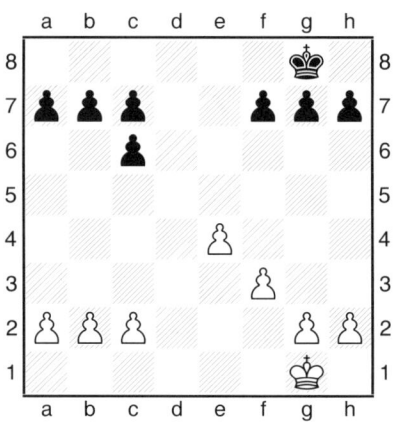

D7 Majorität am Königsflügel

Solche Bewertungswechsel sind aber normal und kommen auch im Bezug auf andere Elemente der Strategie und Taktik vor.

Man sollte nicht in den Fehler verfallen, bei Entscheidungen in der Eröffnung allzu sehr an ein späteres Endspiel zu denken, denn der Weg dahin ist noch sehr weit und es gilt immer, zuerst die aktuellen Probleme zu meistern.

Vermeiden sollte man auf jeden Fall hässliche Doppelbauern wie in *D1*, denn diese führen gewiss zu taktischen Problemen und bezüglich ihrer Endspielchancen muss man wirklich kein Prophet sein!

In den anderen Fällen sind die Doppelbauern unter dem Aspekt der gesamten Stellung zu beurteilen.

Kann der Doppelbauer später leicht abgetauscht werden?

Wem nützt die offene Linie (mehr), die der Doppelbauer geschaffen hat?

Wie beeinflusst der Doppelbauer die Mobilität der Figuren und der Bauernkette, der er angehört? Erhält seine Partie eventuell durch den Abtausch Läufer gegen Springer auf den Feldern c3/c6 oder f3/f6 das Läuferpaar und ist das in der entsprechenden Stellung von besonderem Nutzen (etwa für einen Rochadeangriff)?

Wie wirkt sich der Doppelbauer aufs Zentrum aus? Bewirkt er etwa wie in *D6* Kontrolle über ein Zentrumsfeld, schafft er Stützpunkte für Leichtfiguren im Zentrum (in unserem Beispiel für einen Springer auf e4), verhindert er Zentrumsvorstöße des Gegners (hier z.B. d3–d4)?

Aus der Summe dieser und weiterer Fragen ergibt sich die Einschätzung, wie der Doppelbauer zu bewerten ist. Erst dann sollte man seinen Einfluss auf das Endspiel betrachten. Hier gilt ein ganz einfacher Grundsatz:

Falls ein Doppelbauer für ein späteres Bauernendspiel ungünstig ist, ergibt sich daraus unsere Strategie. Die Doppelbauern–Partei sollte den Abtausch möglichst vermeiden, mit einem Turm auf dem Brett sind viele Endspiele Remis zu halten (die Masse aller Klubspieler hat keine ausreichende Technik, um kleine Endspielvorteile zu verwerten).

36 Die spanische Flügelzange

1.e2-e4 e7-e5 2.♘g1-f3 ♘b8-c6 3.♗f1-b5

Dieser Zug leitet die Spanische Partie ein, eine Jahrhunderte alte, aber durch ihre Komplexität immer noch aktuelle Eröffnung.

Mit **3...a7-a6** *(D1)* befragt Schwarz sofort den Läufer und bereitet gleichzeitig den Vormarsch am Damenflügel vor.

4.♗b5-a4

[4.♗b5xc6 d7xc6

(4...b7xc6 ist wohl ein wenig schwächer. Der Lc8 bleibt unentwickelt und der vereinzelte Randbauer a6 ist schwach)

5.0-0 (5.♘f3xe5 braucht Schwarz nicht zu fürchten, denn er gewinnt durch 5...♕d8-d4 den Bauern zurück und steht sogar ein wenig aktiver)

5...♗c8-g4 Durch die Fesselung wird der Be5 indirekt gedeckt. Auf 6.h2-h3 folgt h7-h5! *(D2),* denn Weiß darf den Läufer nicht schlagen:

7.h3xg4?? h5xg4 8.♘f3xe5 ♕d8-h4 9.f2-f4 g4-g3 z.B. 10.♖f1-e1 ♕h4-h1#

Es ist selbstmörderisch, dem Gegner in solchen Stellungen die offene h-Linie zu überlassen]

Statt der Fesselung 5...♗g4 wäre auch 5...f7-f6 möglich, denn diesmal kann Weiß keinen Angriff auf der Diagonalen e8-h5 starten.

4...d7-d6 *(D3)* **5.d2-d4**

[5.♗a4xc6+ b7xc6 6.d2-d4 e5xd4 7.♘f3xd4 ♗c8-d7 8.♘b1-c3 c6-c5 und Ausgleich.

5.c2-c3 wäre hier besser, es könnte folgen 5...♗c8-d7 6.d2-d4 usw. Den Grund für den Zwischenzug werden wir gleich sehen]

5...b7-b5 6.♗a4-b3

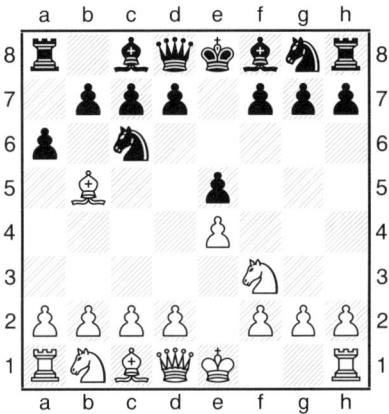

D1 nach 4...a7-a6

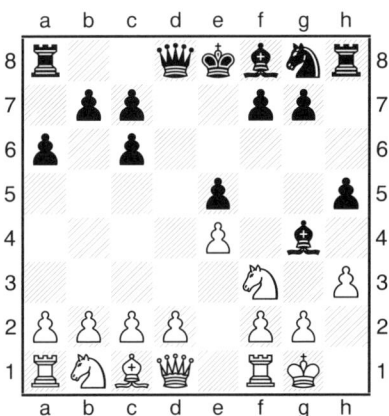

D2 nach 6...h6-h5! (Analyse)

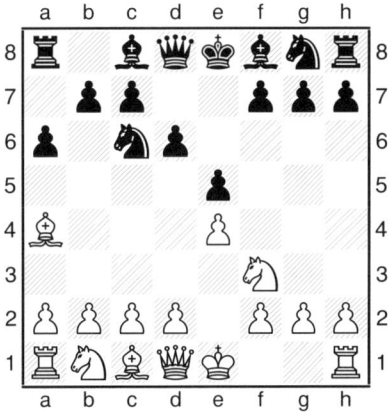

D3 nach 4...d7-d6

6...e5xd4 *(D4)* **7.♘f3xd4?** [Sinnvoll wäre
7.♗b3-d5 ♕d8-d7 8.♘f3xd4 ♗c8-b7 und
Ausgleich]

7...♘c6xd4   8.♕d1xd4 und nun wird der
weiße Läufer Opfer eines uralten Tricks:

8...c7-c5 *(D5)* **9.♕d4-d1**

Mit dem Doppelangriff (auf Ta8 und f7#)
kann Weiß den Läufer auch nicht retten:

9.♕d4-d5 ♗c8-e6 10.♕d5-c6+ ♗e6-d7
11.♕c6-d5 c5-c4 usw.

9...c5-c4 und der eingesperrte Läufer geht
verloren, die "Flügelzange" hat ihn "abge-
kniffen". Nun wissen wir, welchen Nutzen
der Zwischenzug 5.c2-c3 hat: Er schafft ein
Fluchtfeld für den Läufer! Hier kann Weiß
nur noch versuchen, etwas Material
einzusammeln:

**10.♗b3xc4 b5xc4 11.♕d1-d5 ♗c8-e6
12.♕d5-c6+ ♗e6-d7 13.♕c6xc4**

und z.B. *13...♖a8-c8* oder Entwicklung und
Rochade und Schwarz steht besser.

Auch in anderen Stellungen, wo der Läufer
auf a4 mit b7-b5 vertrieben werden kann,
gilt es, diese Falle stets im Auge zu behalten. Sie kann auch in völlig anderen Eröffnungen und Stellungen vorkommen.

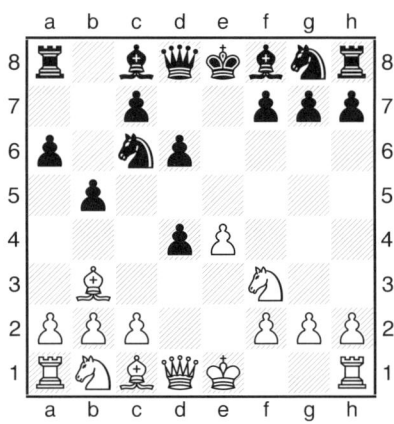

D4 nach 6...e5xd4

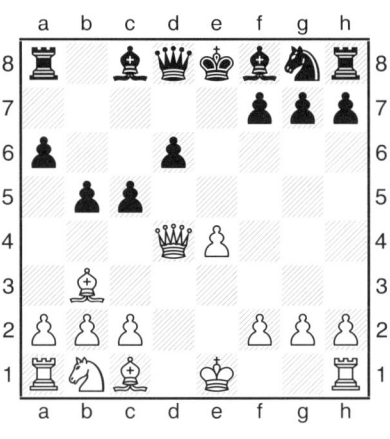

D5 nach 8...c7-c5

37 Ist ja logisch!

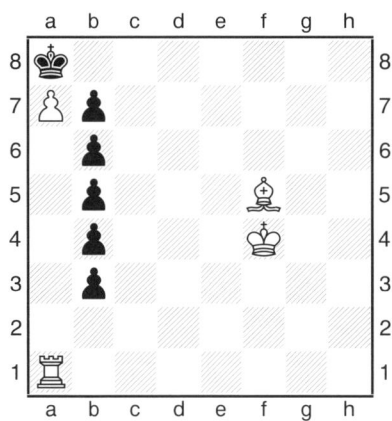

Schwarz am Zug ist im Zugzwang und hat
nur einen Zug:

1...b3-b2 2.♖a1-a2 b4-b3

[2...b2-b1♕ 3.♗f5xb1 b4-b3 4.♖a2-a3
und weiter wie gehabt, es ändert sich praktisch nichts]

3.♖a2-a3   b5-b4 Das Prinzip der
"Rolltreppe", ein Motiv, das in vielen
Scherzaufgaben vorkommt.

4.♖a3-a4 b6-b5 5.♖a4-a5 b7-b6 und
nun ist Schluss mit lustig: **6.♗f5-e4#**

38 Keine Luft für His Majesty

1.e2–e4 g7–g6 Um nichts zu riskieren oder um der Theorie auszuweichen versuchen schwächere Spieler gelegentlich, mit Fianchettoaufbauten oder anderen eher ungebräuchlichen Zügen die Partie zu beginnen. Dagegen ist auch grundsätzlich nichts einzuwenden, aber in unbekannten Gewässern ist ganz besondere Aufmerksamkeit nötig!

2.♘b1–c3 ♘g8–f6 *(D)*

[2...♘b8–c6 oder 2...d7–d6 wäre wohl etwas genauer, um so den lästigen Vorstoß 3.e4–e5 zu verhindern, auf den der Springer zurück muss]

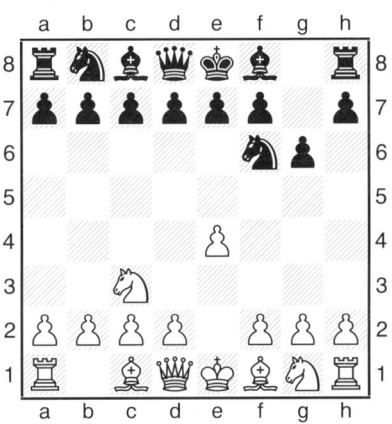

D1 nach 2...♘g8–f6

3.♘c3–d5? Weiß hat einen anderen Plan und spielt auf Falle.

3...♘f6xe4 Schwarz nimmt das zweifelhafte Geschenk an. 3...♗f8–g7 oder 3...♘f6xd5 wären wohl besser gewesen.

4.♕d1–e2 Jetzt bekommt der übermütige Springer Probleme. In der Partie hatte Schwarz allerdings das Hauptproblem gar nicht erkannt, jedenfalls nicht vor

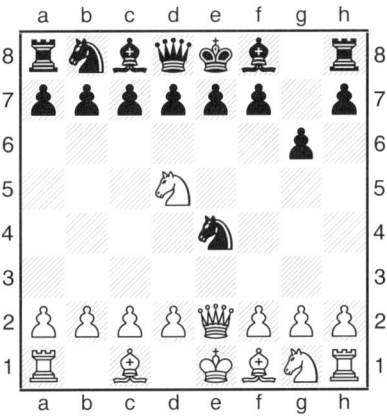

D2 nach 4.Dd1–e2

4...♘e4–d6?? 5.♘d5–f6#

Ein "Ersticktes Matt". Zwar nicht die klassische Version, die wir noch kennen lernen werden, aber genau so tödlich.

Dabei hätte Schwarz dieses Ende sogar auf zweierlei Weise abwenden können:

4...f7–f5 5.d2–d3 ♘e4–d6 6.♘d5–f6+ ♔e8–f7 7.♘f6–d5 hätte das Matt bei allerdings etwas schlechterer Stellung vermieden. Und

4...c7–c6 5.♕e2xe4 c6xd5 6.♕e4xd5 hätte sogar Ausgleich ergeben.

Sehr oft ist in solchen Kurzpartien und Eröffnungsfallen bis zum letzten Moment noch eine Rettung möglich. Aber wenn man die Drohung gar nicht erst sieht ...

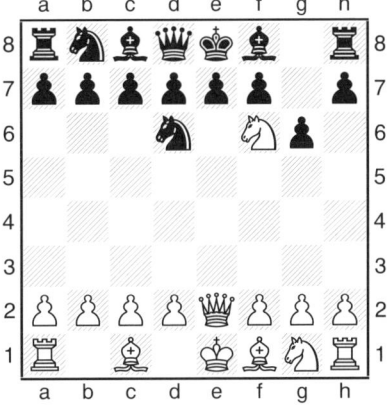

D3 nach 5.♘d5–f6#

39 Der Klassiker auf der kurzen Diagonalen

Greco (ca. 1600−1634) war der stärkste Spieler seiner Zeit und bereicherte Theorie und Technik des Schachspiels mit neuen Ideen und Entdeckungen. In dieser Partie demonstriert er gekonnt die Schwäche der Diagonalen e8−h5.

1.e2−e4 b7−b6 Auch damals wollten manche Schachfreunde schon weg von den bekannten Eröffnungen.

2.d2−d4 ♗c8−b7 3.♗f1−d3 f7−f5 *(D)*

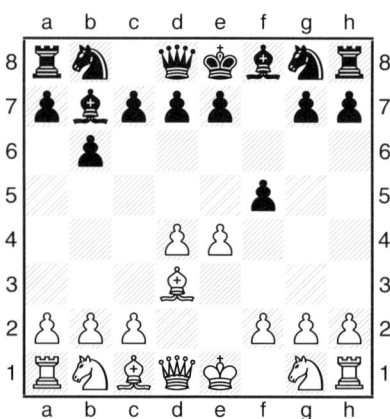

D1 nach 3...f7−f5

Das also ist die Idee des schwarzen Aufbaus: Das Zentrum von der Flanke her angreifen!

4.e4xf5 Meister Greco hatte offenbar keinen Respekt vor der gegnerischen Strategie und gab kaltlächelnd den Turm.

4...♗b7xg2 5.♕d1−h5+

Der schnelle Konter in die gefährdete kleine Diagonale!

5...g7−g6 6.f5xg6 *(D2)* **♘g8−f6**

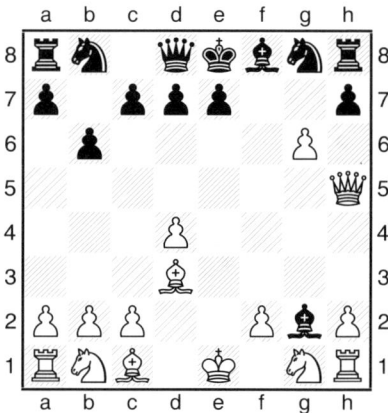

D2 nach 6.f5xg6

Schwarz versuchte verständlicherweise, das tödliche Abzugsschach an der Wurzel anzugreifen. Er rechnete vermutlich nur mit 7.g6−g7+ ♘f6xh5 8.g7xh8♕ und er steht danach übel, kann aber noch ein wenig spielen.

Aber Greco widerstand dem Drang zur Dame und brachte den Zug, der in die Lehrbücher einging:

7.g6xh7+ ♘f6xh5 8.♗d3−g6# *(D3)*

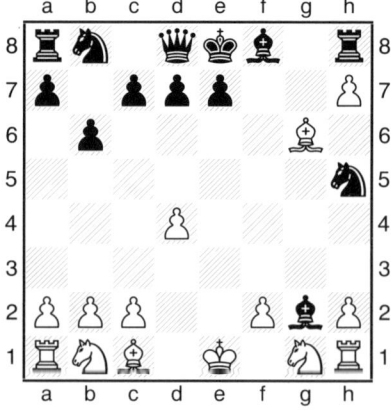

D3 nach 8.♗d3−g6#

Selten in den Lehrbüchern wird allerdings die Verteidigung **6...♗f8−g7** erwähnt, obwohl nach 7.g6xh7+ ♔e8−f8 z.B. 8.♘g1−f3 (8.h7xg8♕+? ♔f8xg8 und der weiße Angriff kommt nicht weiter)

8...♘g8−f6 Es ist nicht klar, wie Weiß gewinnen soll. Man muss halt die Fehler des Gegners mit einplanen!

40 Auf schrägem Wege wandeln

Der schwarze Bauer ist verloren, keine Frage. Abzählen oder ausprobieren bestätigt uns das schnell:

1.♔f7–e7 ♚b2–b3 2.♔e7–d7 ♚b3–b4
3.♔d7–c7 ♚b4–b5 4.♔c7–b7 und Weiß gewinnt.

Wie allerdings die Partie ausgehen wird, ist damit noch nicht geklärt. Anstatt sich auf einen direkten Wettlauf einzulassen, kann Schwarz nämlich versuchen, das **Feld c7** zu erreichen. Damit hätte er die typische Remisstellung erreicht, bei der Weiß sich selbst Patt setzen oder Remis durch Dauerschach hinnehmen muss. Also:

1.♔f7–e6 ♚b2–c3 2.♔e6–d6
♚c3–d4 3.♔d6–c6 ♚d4–e5 *(D2)*
4.♔c6–b7 ♚e5–d6 5.♔b7xa7 ♚d6–c7
und Remis.

Aber Weiß kann sein Spiel auch verbessern, indem er, statt mit Kd6 gleich den Bauern anzupeilen, zuerst noch

(1.♔f7–e6 ♚b2–c3) **2.♔e6–d5** einschiebt.

(D3) Im Unterschied zur vorherigen Variante kann Schwarz ihn nun nicht rechts umlaufen – und das hat Folgen:

**2...♚c3–b4 3.♔d5–c6 ♚b4–a5 4.♔c6–b7
♚a5–b5 5.♔b7xa7 ♚b5–c6 6.♔a7–b8**
und gewinnt.

Gerade im Bauernendspiel ist oft nicht das direkte Ansteuern des Zieles der beste Weg, sondern Manöver wie hier gezeigt, also Umlaufen oder Abdrängen, sind die richtige Vorgehensweise. Wenn man einen Bauern nicht mehr erreichen/verteidigen kann, sollte man prüfen, ob statt dessen eventuell eine Remisposition wie hier auf dem Feld c7 möglich ist. Und den gegnerischen König möglichst weit abzudrängen wie hier in D3 hat noch keinem geschadet!

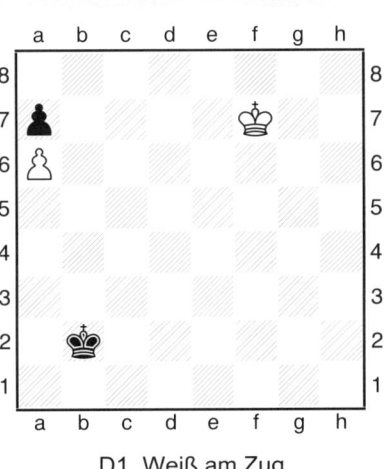

D1 Weiß am Zug

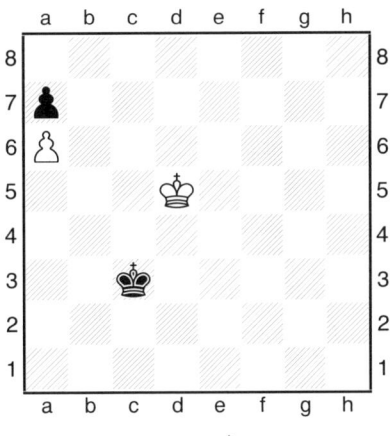

D2 nach 3...♚d4–e5 (Analyse)

D3 nach 2.♔e6–d5

41 Weg von der Theorie - mit Skandinavisch?

1.e2–e4   d7–d5   Dieser Zug leitet die "Skandinavische Verteidigung" ein, die früher als schwächlich abgetan wurde, derzeit aber sehr beliebt ist. Viele Amateure versuchen, mit dieser Eröffnung den komplizierten Theorievarianten der Offenen Spiele und des Sizilianers zu entkommen.

Die grundlegende Idee von Skandinavisch ist, durch Abtausch des Be4 das weiße Zentrum zu schwächen und so mehr Platz für die eigene Entwicklung zu haben. Dies wird allerdings mit Tempoverlusten erkauft.

2.e4xd5

[*2.e4–e5* ist nicht zu empfehlen, denn nach 2...♗c8–f5 3.d2–d4 e7–e6 4.c2–c3 c7–c5 5.♘g1–f3 ♘b8–c6 mit folgendem Db6, Lg4 und Sg8–e7–f5 erreicht Schwarz ähnliche Stellungen wie in der Französischen Verteidigung (aber ohne den sonst eingeklemmten Läufer auf c8) oder wie in der Caro–Kann Vorstoßvariante (mit Mehrtempo, denn statt 1..c7–c6 konnte Schwarz gleich c7–c5 ziehen)]

2...♛d8xd5

Schwarz kann auch mit **2...♘g8–f6** *(D2)* fortsetzen, was aber Weiß ermöglicht, den weiteren Spielverlauf zu bestimmen.

A)   Mit   **3.c2–c4** legt Weiß eine härtere Gangart ein und es entsteht ein Gambit:

3...c7–c6 *(oder 3...e7–e6 4.d5xe6 ♗c8xe6)* 4.d5xc6 ♘b8xc6 *(D3)*

und, wenn der Computer auch hier Ausgleich anzeigt, muss Schwarz letztlich über lange Zeit beweisen, dass sein Entwicklungsvorsprung den geopferten Bauern wert ist. Für unerfahrene Spieler sicher keine leichte Aufgabe!

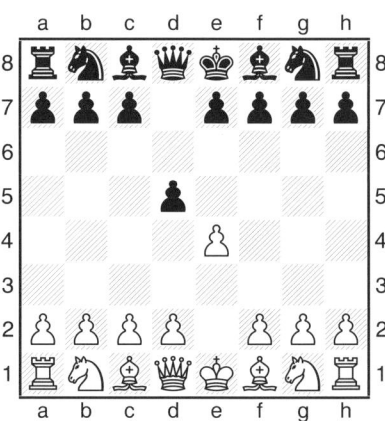

Skandinavische Verteidigung

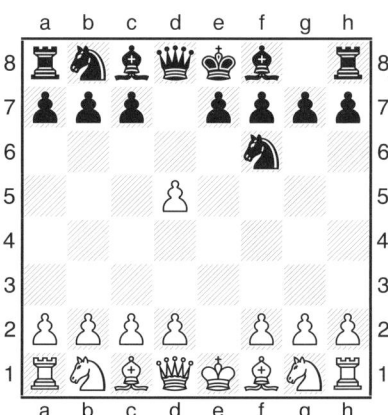

D2 nach 2...♘g8–f6 (Analyse)

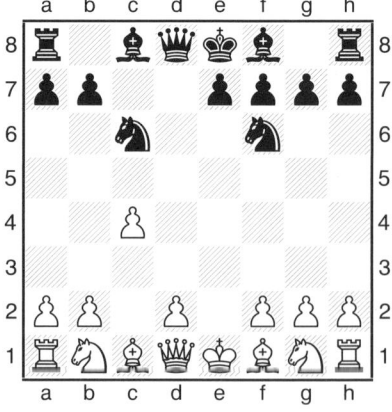

D3 nach 4... ♘b8xc6 (Analyse)

B) *3.d2−d4* ist eine ruhige Entwicklung, z.B. 3...♘f6xd5 4.c2−c4 ♘d5−b6 5.♘g1−f3 *(5.c4−c5?* ♘b6−d7 und das weiße Bauernzentrum ist sehr anfällig, es "hängt in der Luft")* 5...♗c8−g4 6.♗f1−e2 mit Ausgleich]

3.♘b1−c3 *(D4)* Schwarz hat nun die Wahl zwischen **3...♕d5−d8**, was ein Tempoverlust wäre, **3...♕d5−d6**, was zu kompliziertem Spiel führen kann, und dem am meisten gespielten

3...♕d5−a5 4.d2−d4

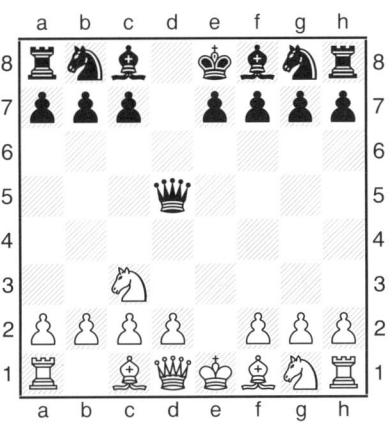

D4 nach 3.♘b1-c3

Weiß kann auch etliche andere Züge spielen: Sf3, d3, Fianchetto beider Läufer, Le2, Lc4. Das gibt stärkeren Spielern meist die besseren Möglichkeiten, weswegen der Versuch, mit Skandinavisch der Theorie zu entfliehen, für unerfahrene Spieler vermutlich keine so gute Idee ist.

4...♘g8−f6 5.♗f1−c4 g7−g6 *(D5)*

[5...c7−c6 wäre wohl vorzuziehen. Es gibt Schwarz Einfluss auf das Zentrum und vor allem der Dame Rückzugsfelder]

6.♗c1−d2

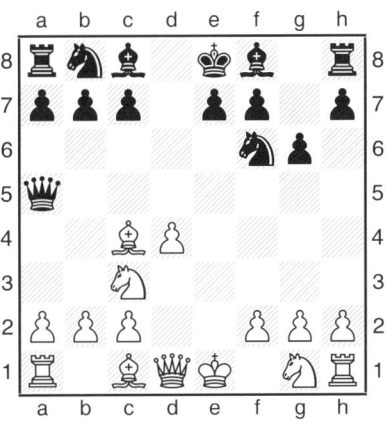

D5 nach 5...g7−g6

Damit hat Weiß einen aggressiven Aufbau und eine Abzugsdrohung erreicht. Nun muss Schwarz sehr genau spielen.

6...♗f8−g7 [6...c7−c6 wäre nötig gewesen. *(7.♘c3−d5* ♕a5−d8 *8.♘d5xf6+ e7xf6* ist schwächer, denn der Abtausch ist eher günstig für Schwarz und der Doppelbauer kein Problem)* oder 6...♕a5−b4 oder 6...♕a5−f5, was allerdings den weißen Entwicklungsvorsprung weiter ausbaut]

7.♘c3−d5 *(D6)*

Jetzt ist die Springerattacke tödlich und leitet eine taktische Falle ein:

7...♕a5−a4 Wohin sonst? Die Dame hat kein anderes Feld

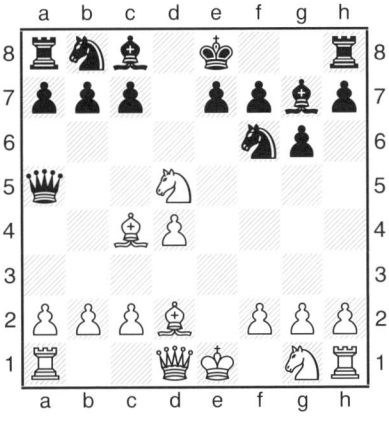

D6 nach 7.♘c3−d5

8.♘d5xc7+ ♔e8–f8 9.♗c4–b3 ♕a4xd4
wäre schon schlimm genug, aber das Hinlenkungsopfer

8.♗c4–b5+ ♕a4xb5 *(D7)*

mit der Springergabel **9.♘d5xc7+**

ist praktisch schon das Ende der Partie.

Als eine Erkenntnis aus dieser kurzen Partie
können wir mitnehmen, dass frühe Ausflüge
der Dame sehr gefährlich sein können. Gerade in der Eröffnungsphase, wenn auf beiden Seiten noch die meisten Steine auf dem
Brett sind, findet sich die Dame trotz vieler
freier umliegender Felder im Wirkungsge-
flecht feindlicher Figuren gefangen.

Zum Abschluss noch zwei Beispiele für solche Fälle:

(D8) Allein kann die schwarze Dame nichts
gegen die intakte weiße Stellung unternehmen und so entschloss sich Schwarz, mit
Lf8–e7 die kurze Rochade zu ermöglichen,
um danach mit f7–f6 das weiße Zentrum
anzugreifen und die f–Linie für den Turm zu
öffnen.

Ein durchaus logischer Plan, der leider
sogleich an **1.g2–g3** scheitert, denn die
Dame ist zwar von freien Feldern umgeben,
kann aber keines davon ohne Verlust betreten.

(D9) Auch im Mittelspiel wird besonders in
Angriffsstellungen im Eifer des Gefechtes
gerne die Bedrohung der Dame übersehen:

1...♗g7–e5 und die Dame ist verloren. Im
Top–Turnier Tilburg 1997 sah der damalige
Jugendweltmeister U20 Tal Shaked (USA)
diese Falle nicht! Kasparow hatte gegen ihn
eine theoretische Neuerung gebracht, die
Shaked mit diesem Dameneinsteller "be-
antwortete", worauf Kasparow klagte: "Ich
habe eine Atombombe auf einen Spatzen
geworfen!"

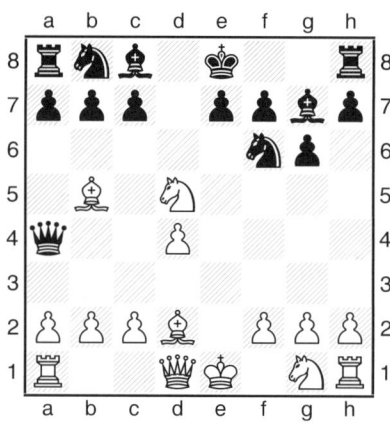

D7 nach ♕a4xb5

D8 Die einsame Dame

D9 Tal Shaked - Garri Kasparow
Schwarz am Zug

42 Eröffnungsexperimente - aber aufgepasst!

1.c2–c4 Anfänger neigen gerne dazu, mit ihnen völlig unbekannten Eröffnungen zu experimentieren. Das ist grundsätzlich auch nicht falsch und hilft, vielseitiger zu werden und unbekannte Stellungen besser einschätzen zu lernen. Allerdings sollte man sich immer an die grundlegenden Prinzipien der Eröffnungslehre halten!

Hier versucht sich Weiß mit "**Englisch**". In gewisser Weise ist das ein umgekehrter Sizilianer und hat wie dieser die Idee, den etwas weniger wertvollen c–Bauern gegen den d–Bauern abtauschen zu wollen. Schwarz kann mit vielen möglichen Zügen erwidern und es kann auch durch Zugumstellung zu anderen Eröffnungen kommen, etwa zum Damengambit.

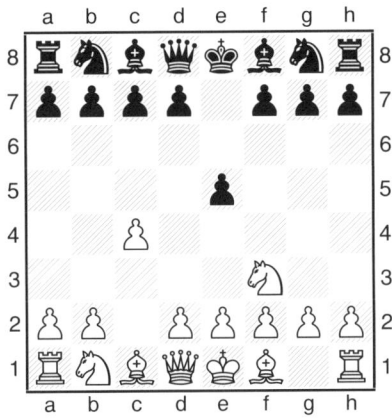

D1 nach 2.♘g1-f3

1...e7–e5 2.♘g1-f3 *(D)* ist zwar spielbar, lädt aber den weißen Bauern zum weiteren Vorgehen ein.

Logischer wäre statt dessen **2.Sb1-c3**, um zunächst die Felder e4 und d5 zu sichern.

Oder auch **2.d2–d3**. Auch **2.g2–g3** mit der Idee, den Lf1 zu fianchettieren und so das Zentrum zu kontrollieren, wäre sinnvoll.

Der Textzug ist zwar kein Fehler und durchaus spielbar, aber unerfahrene Spieler sollten es möglichst vermeiden, sich einschnüren zu lassen und in der Eröffnung nach einer festen Stellung streben, was immer auch Zentrumskontrolle bedeutet.

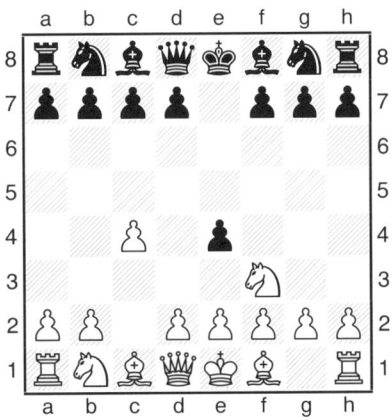

D2 nach 2...e5-e4

2...e5–e4 *(D2)*

Richtig wäre jetzt **3.♘f3–d4 ♘b8–c6 4.♘d4xc6** (oder auch **4.♘d4–b3**) **4...d7xc6** mit viel Platz für die schwarzen Läufer.

(4...b7xc6 führt nach z.B. 5.♘b1-c3 d7–d5 6.c4xd5 c6xd5 7.d2–d3 e4xd3 8.♕d1xd3 c7–c6 zum Ausgleich).

Der Rückzug **3.♘f3–g1** sieht zwar "doof" aus und ist auch ein Tempoverlust, aber das ist nicht weiter tragisch. Der Vorpostenbauer e4 wird bald abgetauscht sein und der Springer kann zurück nach f3. Oder er könnte nach e2-e3 mit den Zügen ♘g1-e2-g3(c3) wieder ins Geschehen eingreifen. Also Mut zum Rückzug!

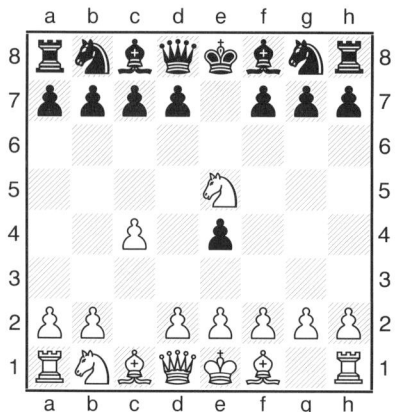

Mit der stolzen Attacke **3.♘f3−e5??** *(D)* verdarb Weiß mit einem Zug die kaum begonnene Partie. Der Springer sitzt in der Falle.

3...d7−d6 4.♘e5xf7 nimmt noch schnell einen Bauern mit und schwächt die gegnerische Königsstellung, aber Schwarz kann nach **4...♚e8xf7 / ♘g8−f6 / ♗f8−e7 / ♖h8−f8 / ♚f7−g8** mühelos eine sichere Stellung erreichen, zumal sein Be4 die weiße Entwicklung stark behindert.

43 Strafe für den Angstzug

Mit dem Angstzug h7−h6 hat Schwarz in der frühen Eröffnungsphase ein wertvolles Tempo verschenkt. Er hätte besser gleich Sg8−f6 gezogen und danach rochiert. Den Angriff Sf3−g5 brauchte er wirklich nicht zu fürchten!

Nun aber muss Schwarz bereits einen kleinen Verlust hinnehmen:

1.♕d1−b3

[Die Verteidigung des Bf7 ist gar nicht so einfach.

1...f7−f6 2.♗c4xg8 verliert eine Figur; oder
1...♗c8−e6 2.d4−d5 ♘c6−a5 3.♕b3−a4+ c7−c6 4.d5xe6 f7xe6 5.♗c4xe6 b7−b5 6.♘f3−h4 ist ebenfalls Figurenverlust]

Das Standardmanöver in solchen Fällen ist

1...♘c6−a5 *(D2)* **2.♗c4xf7+ ♚e8−f8 3.♕b3−a4** z.B. **♚f8xf7 4.♕a4xa5** mit Bauerngewinn und besserer weißer Stellung

Der Versuch, den Randspringer zu fangen scheitert jedoch: **2.♕b3−a4+** c7−c6 z.B. 3.♗c4−e2 b7−b5 4.♕a4−c2 und der Springer ist gerettet, über b7 kommt er auf Dauer wieder ins Spiel zurück. Die Stellung ist etwa ausgeglichen.

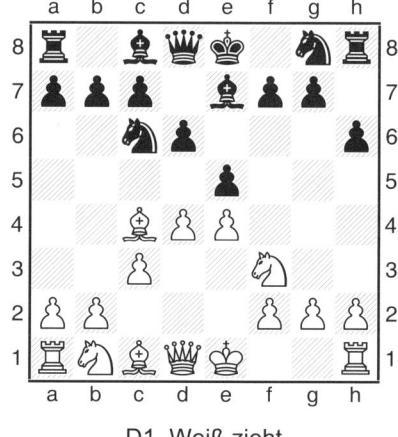

D1 Weiß zieht

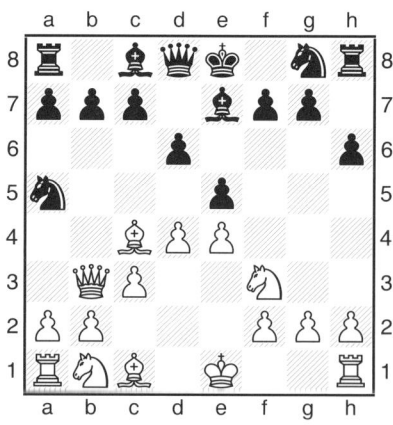

D2 nach 1...♘c6−a5

44 Geben ist seliger denn Nehmen

Wenn Weiß versucht, den Bb5 zu erobern, um seinem b-Bauern freie Fahrt zu verschaffen, verliert er seine Bauern auf g3 und h4. Diese Stellung ist nicht leicht vorauszuberechnen und die Partie könnte Remis enden, vielleicht sogar verloren gehen.

Aber Weiß kann durch ein vorübergehendes Opfer den schwarzen König mit Zugzwang abdrängen und so wertvolle Zeit gewinnen:

1.g3-g4+ h5xg4+

[1...♔f5-g6 2.g4-g5 und Weiß hat einen "gedeckten Freibauern", der den König dauerhaft festnagelt und Weiß ermöglicht, den Bb5 zu erobern]

2.♔f3-g3 ♔f5-g6 *(D2)*

Zugzwang, der König hat seine Position nun eindeutig verschlechtert.

3.♔g3xg4 ♔g6-h6 4.♔g4-f5

[4.h4-h5 ♔h6-g7 5.♔g4-f5 führt zum gleichen Ergebnis]

4...♔h6-h5 5.♔f5-e5 ♔h5xh4 *(D3)*
6.♔e5-d5 ♔h4-g5 7.♔d5-c5 ♔g5-f6
8.♔c5xb5 ♔f6-e7 9.♔b5-b6

[9.♔b5-c6 ♔e7-d8 10.♔c6-b7 ist nur Zugumstellung]

9...♔e7-d8 10.♔b6-b7 *(D4)* und Weiß hat die Gewinnposition "König vor dem Bauern auf der 7.(2.) Reihe erreicht:

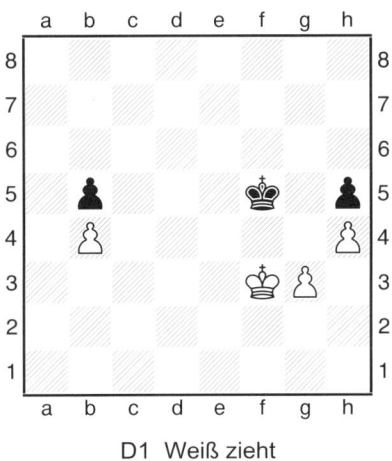

D1 Weiß zieht

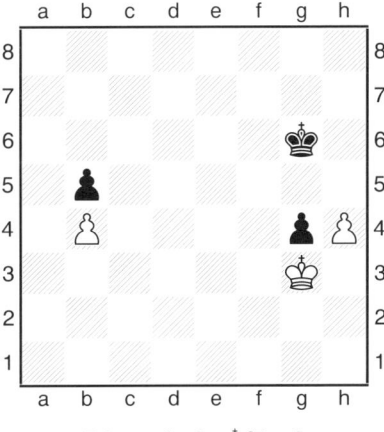

D2 nach 2...♔f5-g6

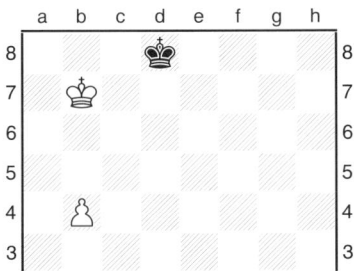

D4 Gewinnposition "König vor dem Bauern"

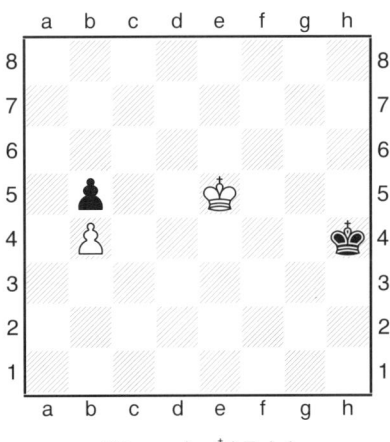

D3 nach ♔h5xh4

45 Angstzug, Überraschung, Bluff & Doppelschach

**1.e2–e4 e7–e5 2.♘g1–f3 ♘b8–c6
3.♗f1–c4 ♗f8–c5**

Italienisch. Weiß entscheidet sich für die sofortige Rochade:

4.0–0 d7–d6 5.h2–h3 *(D1)*

Verhindert zwar die Fesselung des Sf3, ist aber kritisch, wenn der Gegner noch nicht rochiert hat. Wenn Schwarz nicht oder lang rochiert und später mit h7–h6 / g7–g5 und eventuellem g5–g4 angreift, kann sich der Bh3 als ernste Schwäche erweisen.

5...h7–h5 6.♘f3–h2 *(D2)*

Vermutlich wollte Weiß f2–f4 vorbereiten. Besser wäre gewesen, erst die Entwicklung abzuschließen, z.B. durch d2–d3 und ♘b1–c3. Der Springerzug warnt nicht nur vorzeitig den Gegner, sondern ist auch unflexibel. Kommt der weiße Plan nicht zum Tragen, muss der Springer wieder zurückgeholt werden und etliche Tempi gehen verloren. Deswegen sollte man möglichst immer Züge machen, die flexibel verwendbar sind und sich nicht unnötig vorzeitig festlegen.

6...♘g8–f6 7.d2–d3 ♗c8–g4 *(D3)*

Eine schöne Bescherung, der Läufer zieht trotz h3 einfach nach g4! Ein gewagtes Opfer, das eher ein Bluff sein dürfte, aber die Partie stark kompliziert.

8.h3xg4

Mit dem etwas "komisch" anmutenden 8.♕d1–d2 könnte Weiß die Komplikationen vermeiden und stünde ausgeglichen.

Man sollte sich nicht scheuen, solche "komisch" aussehenden Züge anzuwenden, wenn sie ihren Zweck erfüllen. Die damit verbundenen Schwächen (hier versperren des Läufers) "entspannen" sich meist innerhalb weniger Züge wieder.

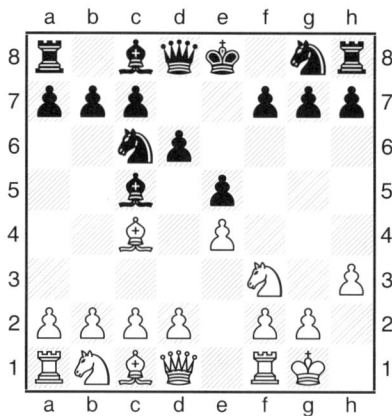

D1 nach 5.h2–h3

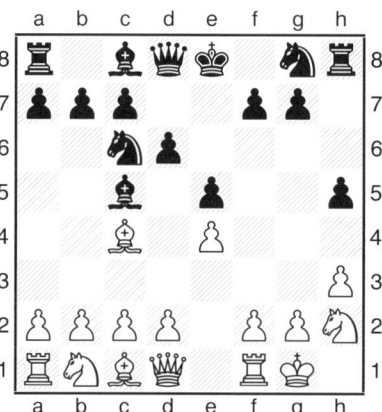

D2 nach 6.♘f3–h2

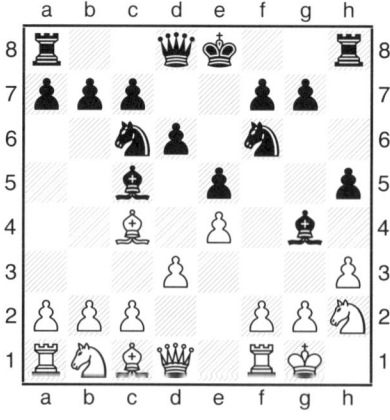

D3 nach 7...♗c8–g4

8...h5xg4 *(D4)* **9.♘h2xg4 ♘f6–h5**

[9...♘f6xe4 10.d3xe4 ♕d8–h4 11.♗c1–h6 g7xh6 12.♕d1–f3 0-0-0 13.c2–c3 und es ist fraglich, ob Schwarz genug Angriff für die geopferte Figur hat. Dies naheliegende An-griffsverstärkung 13...♖h8–g8 scheitert an 14.♗c4xf7 ♖g8xg4 15.♗f7–e6+.

10.♗c1–e3

[Der beste Weg, den schwarzen Angriff zu stoppen wäre die Liniensperrung durch 10.♘g4–h6 ♘h5–g3 11.♕d1–g4]

10...♕d8–h4 *(D5)* **11.♗e3xc5**

[11.♗c4xf7+ *(D6)* verkompliziert die Stellung, und Schwarz muss genau spielen, um die Nase vorne zu behalten, z.B. 11...♔e8xf7 12.g2–g3 ♕h4–h3 13.♕d1–f3+ ♔f7–g8 usw. Die Stellung von *D6* eignet sich sehr gut zur Analyse!

11...♕h4–h1+ Die Pointe des schwarzen Spiels. Ein Hinlenkungsopfer, das nach **12.♔g1xh1** zum tödlichen Doppelschach **12...♘h5–g3+** *(D7)* .**13.♔h1–g1 ♖h8–h1#** führt.

Ein hübscher Schluss einer zwar von Schwarz nicht korrekt, aber risikofreudig und angriffslustig gespielten Partie. In der Praxis wird eine solche Einstellung oft belohnt.

Schach ist Kampf und Bluffen ist ein bewährtes Hilfsmittel

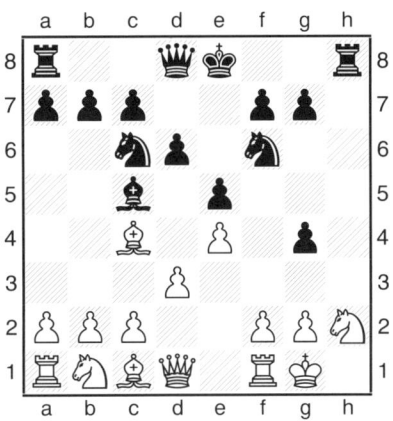

D4 nach 8...h5xg4

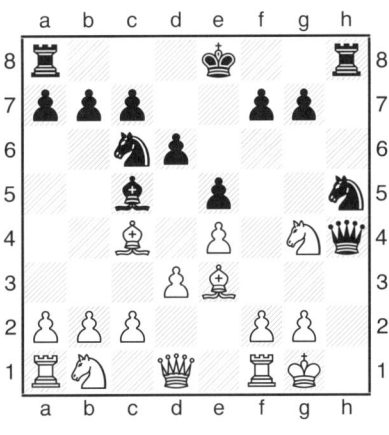

D5 nach   10...♕d8–h4

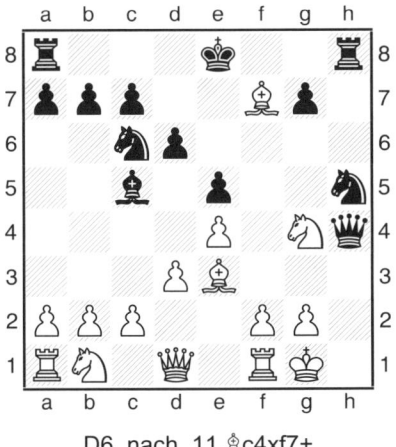

D6 nach 11.♗c4xf7+

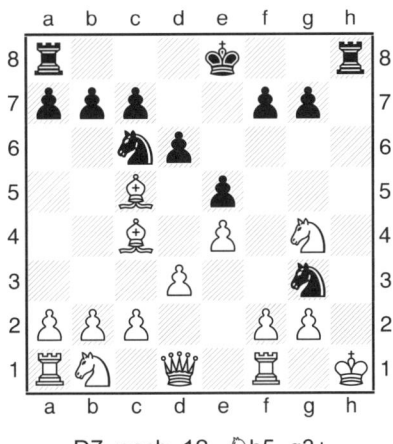

D7 nach 12...♘h5–g3+

46 Zu kompliziert gedacht, vom Gegner ausgelacht!

1.e2–e4 d7–d5 2.e4xd5 Skandinavisch
**2...♛d8xd5 3.♘b1–c3 ♛d5–a5 4.d2–d4
♘b8–c6 5.♘g1–f3** *(D1)*

Bis hierher ist die Stellung ausgeglichen.
Schwarz scheint lang rochieren zu wollen,
sonst hätte er im Sinne schnellerer Entwicklung eher ♘f6 statt ♘c6 gezogen.

5...♗c8–g4 Vermutlich mit der Idee, anschließend mit e7–e6 den zweiten Läufer zu
entwickeln, ohne den ersten einzusperren.
Ansonsten ist die Fesselung sinnlos.

6.h2–h3 ♛a5–h5 *(D2)* Schwarz nutzt die
nun entstandene Fesselung der Bh3, um
seinen Läufer auf g4 zu halten.

Er hatte wohl mit   7.♗f1–e2 0–0–0 8.0–0
♗g4xf3 9.♗e2xf3 ♛h5–g6 gerechnet, was
etwa Ausgleich wäre.

Eigentlich verstoßen die schwarzen Damen-
züge gegen die Entwicklungsprinzipien und
das "Herumgeziehe" müsste bestraft werden, aber bei dieser Abwicklung ist das nicht
der Fall.

Anders dagegen bei **7.h3xg4**

Eine böse Überraschung, denn Weiß kann
den Turm durchaus opfern.

Nach **7...♛h5xh1 8.♘c3–e2** *(D3)* und folgendem **9.♘e2–g3** ist die Dame verloren,
alle ihre Fluchtfelder liegen unter weißem
Beschuss.

Dieses Beispiel zeigt auch, dass man **keine
unnötigen Komplikationen** eingehen soll.
Der Damenzug nach h5 war unnötig und
schuf eine Situation, die Schwarz nicht völlig
überschauen konnte oder hätte in den folgenden Zügen weitere Komplikationen bereitet. Spiel einfach und sachlich!

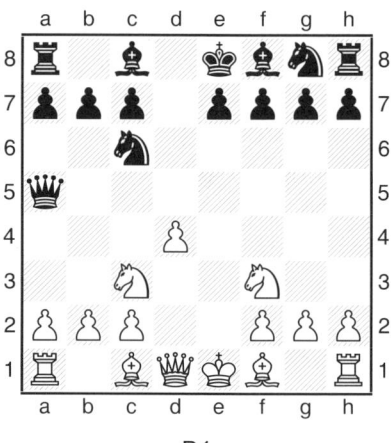

D1

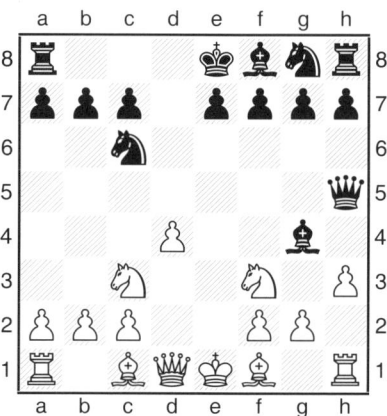

D2 nach 5.♘g1–f3

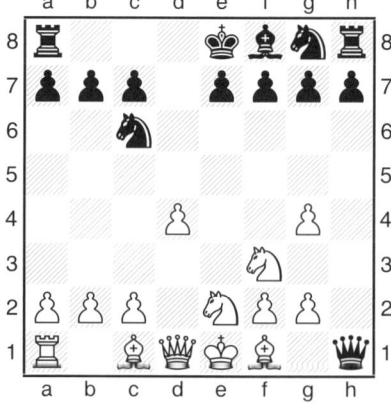

D3 nach 8.♘c3–e2

47 Die englische Vielfalt

1.c2–c4

Die Englische Eröffnung. Dieser Zug wurde schon Mitte des 19.Jahrhunderts vom englischen Meister Staunton – damals einer der besten Spieler der Welt – angewendet. In Deutschland wurde diese Eröffnung von dem Bremer Meister Carls häufig gespielt und ist daher auch als "Bremer Partie" bekannt.

Diese Flankeneröffnung kann in sehr verschiedene Stellungstypen einmünden, je nachdem, ob Schwarz mit *1...c7–c5* einen symmetrischen Aufbau, mit *1...Sg8–f6* oder *1...g7–g6* in verschiedene Indische Eröffnungen einlenken, mit *1...f7–f5* die Holländische Verteidigung wählen oder aber mit *1...e7–e5* eine Art Sizilianer mit getauschten Farben ansteuert, wie es in unserer Partie der Fall ist. Wer als Weißer ein breites Eröffnungsspektrum beherrscht, kann seinen Gegner durch Zugumstellungen in ungünstige Varianten locken, aber Englisch ist gewiss keine Eröffnung für Anfänger.

1...e7–e5 2.♞b1–c3 ♞b8–c6 *(D1)*

Schwarz spielt in der Art des "Geschlossenen Sizilianers" (1.e4 c5 2.Sc3), denn mit einem Tempo weniger kann er die "normalen" Sizilianischen Varianten mit d4(d5) nicht riskieren.

3.♞g1–f3 f7–f5 4.d2–d4 e5–e4 *(D2)*

5.♗c1–g5

[Möglich wäre auch 5.♞f3–d2 ♞g8–f6 6.e2–e3 / 6.d4–d5); oder 5.♞f3–g5 ♞g8–f6]

5...♞g8–f6

[Auch spielbar wäre 5...♗f8–e7 6.♗g5xe7 ♞g8xe7 und der Sf3 kann nach d2, e5, g5 oder auch nach g1 ziehen]

6.d4–d5 (D3) **e4xf3**

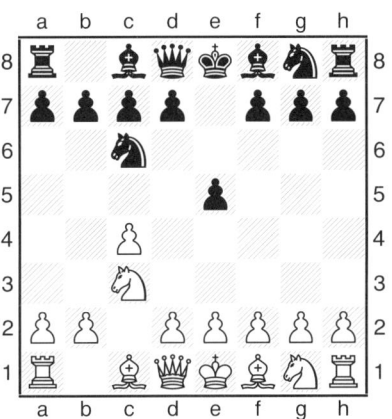

D1 nach 2...♞b8–c6

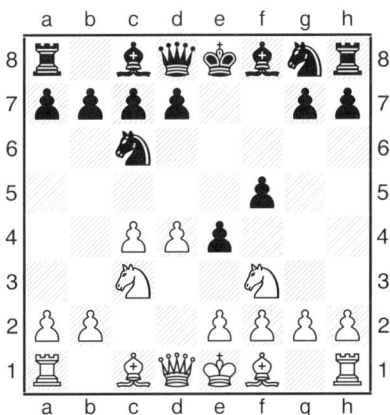

D2 nach 4...e5–e4

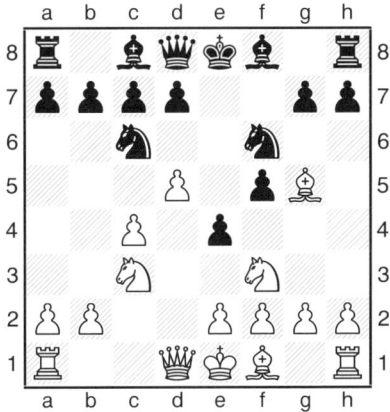

D3 nach 6.d4–d5

7.d5xc6 *(D4)*

Hier könnten es beide Seiten ruhig angehen lassen:

7...b7xc6 8.g2xf3 Ra8–b8 9.Wd1–c2 Qc8–a6 10.b2–b3 g7–g6 und die Stellung ist ausgeglichen.

7...f3xg2 und an dieser Stelle gabelt sich die Partie:

8.Qf1xg2 b7xc6 führt zum Ausgleich.

8.c6xd7+ dagegen verliert sofort:

8...Nf6xd7! *(D6)*

Weiß hatte wohl nur mit dem üblichen 8...Qc8xd7 oder 8...Wd8xd7 gerechnet. Ein verbreiteter Fehler, man muss jeden möglichen Zug des Gegners einkalkulieren, sonst übersieht man sehr leicht abweichende Züge oder Zwischenzüge des Gegners.

Nun kann entweder folgen

9.Qg5xd8 g2xh1W und Schwarz hat die Dame zurück und steht direkt in der gegnerischen Festung;

oder **9.Qf1xg2** Wd8xg5 mit Mehrfigur und besserer Stellung. Gleich ob Weiß 0–0 spielt oder Kf1, er wird damit nicht glücklich werden.

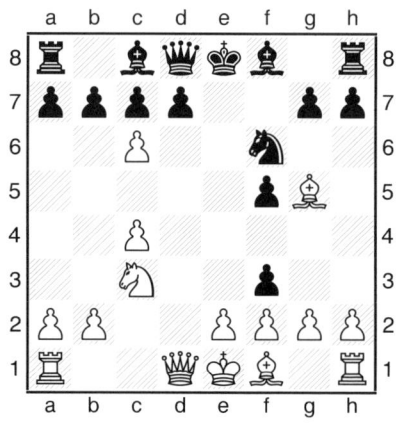

D5 nach 7.d5xc6

D5 nach 8...Nf6xd7!

48 Patt verkehrt rum

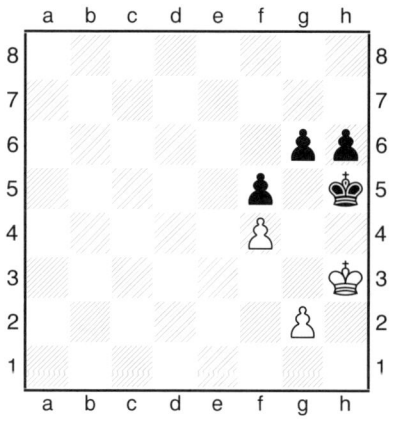

Viele Pattsituationen entstehen aus technischen Endspielen, da kann man halt nichts machen. Schlimmer sind schon die Patts, die aus Unbedachtsamkeit entstehen, etwa im Elementarendspiel König und Dame gegen den blanken König, peinlich, peinlich! Fast immer aber setzt die stärkere Partie die schwächere, oft deutlich unterlegene Partie Patt. Hier geht es einmal anderes herum:

1.g2–g4+ f5xg4+ 2.Kh3–g3 g6–g5 3.f4–f5 und Weiß setzt mit seinem letzten Bauern den überlegenen Weißen Patt!

49 Am Boden zerstört mit Boden's Matt

1.e2–e4 d7–d5

Skandinavisch, bereits aus früheren Partien bekannt.

2.e4xd5 ♛d8xd5

3.♞b1–c3 ♛d5–a5

4.d2–d4 c7–c6 *(D1)*

Der Zug verstellt zwar das natürliche Entwicklungsfeld des Springers, öffnet aber ein Rückzugsfeld für die Dame, die sonst doch sehr gefährdet stehen würde.

5.♞g1–f3 ♝c8–g4

6.♝c1–f4 e7–e6

7.h2–h3 ♝g4xf3

[Der Rückzug 7...♝g4–h5 wäre besser gewesen. Der Abtausch entwickelt nur Weiß und Schwarz gibt ohne Notwendigkeit das Läuferpaar ab]

8.♛d1xf3 *(D2)* **♝f8–b4**

[8...♞g8–f6 9.0-0-0 ♞b8–d7 hätte Weiß stärker beschäftigt.

9.♝f1–e2

Weiß braucht 9...♝b4xc3+ 10.b2xc3 (oder auch 10.♛f3xc3 nicht zu fürchten. Besonders dann, wenn Schwarz lang rochieren möchte, sollte er nicht tauschen, da er dem Weißen sonst die offene b–Linie überlässt.

9...♞b8–d7

Der Springerzug signalisiert die lange Rochade. Wollte Schwarz kurz rochieren, wäre 9...♞g8–f6 naheliegender gewesen.

10.a2–a3

Der übliche "Befragungszug" beinhaltet hier eine tückische Falle. Schwarz wähnte sich sicher, denn der Ba3 ist ja gefesselt.

Und so setzte er wie geplant mit

10...0-0-0 fort *(D3)* .

10...♞g8–f6 wäre besser gewesen

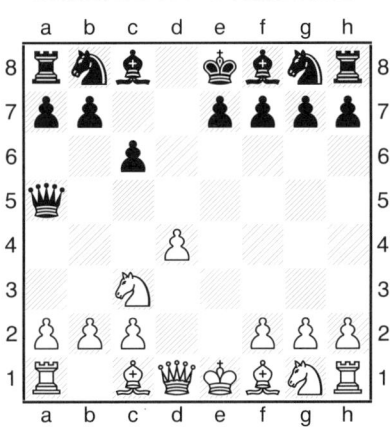

D1 nach 4...c7–c6

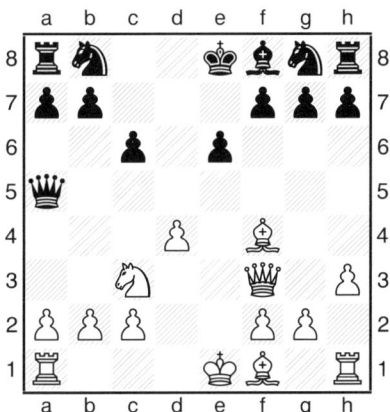

D2 nach 8.♛d1xf3

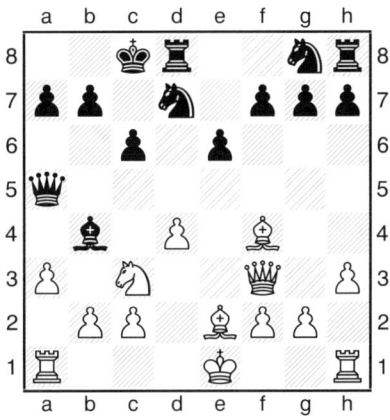

D3 nach 10...0-0-0

und vielleicht hätte Schwarz die lange Rochade generell noch einmal überdenken sollen, sind doch alle weißen Figuren auf den Damenflügel ausgerichtet!

11.a3xb4 *(D4)*

Der Schocker! Weiß kümmert sich gar nicht um den Verlust von Qualität oder mehr!

11...♛a5xa1+ 12.♚e1–d2 ♛a1xh1 *(D5)*

[12...♞d7–e5 13.♗f4xe5 ♛a1xh1 14.♛f3xf7 hätte das Matt vermieden, aber eine Menge Material gekostet.

In der Partiefortsetzung ist nun die Ausgangsstellung von "**Bodens Matt**" aufs Brett gekommen, ein Mattmotiv, das sich vor allem alle diejenigen merken sollten, die Eröffnungen mit langer Rochade spielen.

Typisch für diese Mattposition ist:

Ein *Läufer* bestreicht die Diagonale b8–h2 (b1_h7) und engt so den König ein.

Der *andere Läufer* zielt auf das Feld a6 (a3), was zu Beginn der Kombination völlig harmlos wirkt.

Eine *Schwerfigur* (hier die Dame, es könnte aber auch ein Turm auf der c-Linie sein) zielt auf das Feld c6 (c3).

Drei Offiziere sind also an diesem Angriff beteiligt. Wenn diese Kriterien erfüllt sind und keine gegnerischen Verteidiger in der Nähe stehen, die noch eingreifen könnten (daher wurde hier die Dame auf der a-Linie weggelockt, Turm und Springer sind zwar dicht beim König, was aber nicht sehr hilfreich ist, da sie seine Fluchtfelder versperren), dann ist die Gelegenheit zum Mattangriff gegeben:

13.♛f3xc6+ b7xc6

14.♗c2–a6# *(D6)*

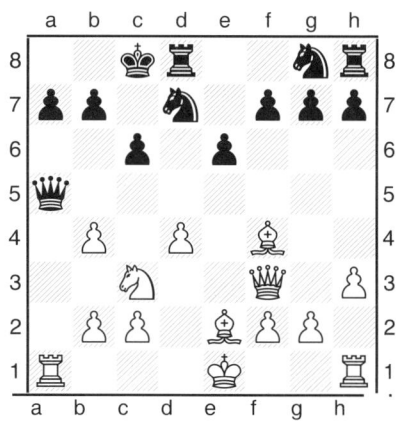

D4 nach 11.a3xb4

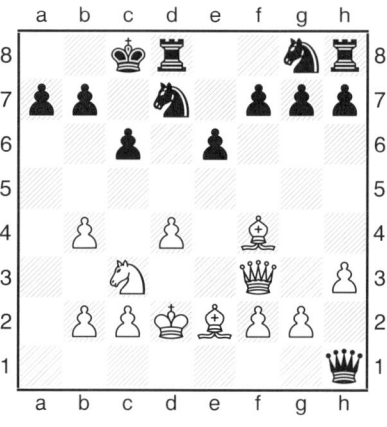

D5 nach 12.♛a1xh1

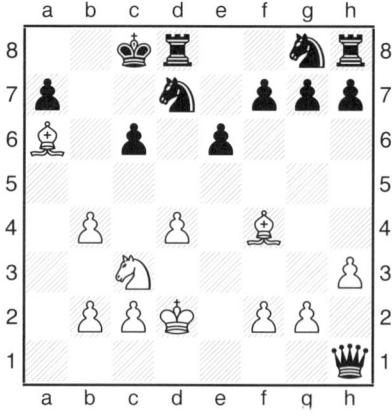

D6 nach 14.♗e2–a6#

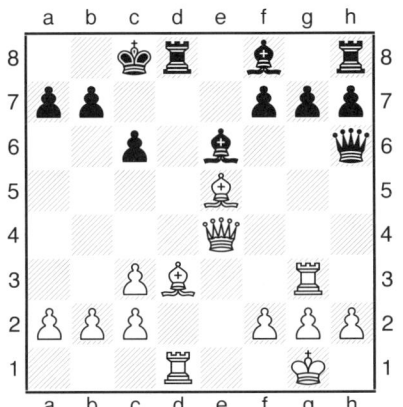

Nachfolgend drei interessante Beispiele für Boden's Matt

D1 Schwarz hatte im letzten Zug rochiert, was ja auch grundsätzlich zu loben ist, sich hier aber als äußerst unangebracht erweisen sollte:

1.♕e4xc6+ b7xc6 2.♗d3−a6#

Lasker - Englund, Scheveningen 1913

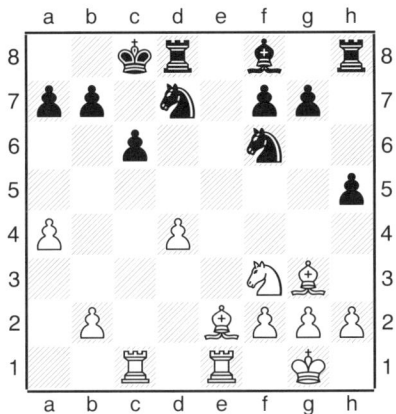

D2 Der Opfereinschlag auf c6 (c3) muss nicht unbedingt von der Dame vorgenommen werden. Ein Turm auf der halboffenen c−Linie tut es auch und Schwarz wird hier ebenso chancenlos Matt wie nach dem Damenopfer:

1.♖c1xc6+ b7xc6 2.♗e2−a6#

Man sollte sich gut überlegen, ob man groß rochiert, wenn der Gegner eine (halb)offene Angriffslinie zur Verfügung hat!

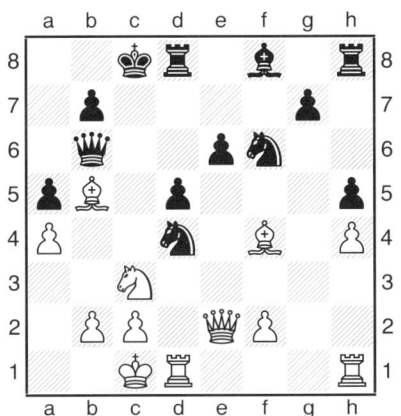

D3 Diese Stellung weist auf den ersten Blick nicht die Merkmale von Bodens Matt auf. Verwirren könnte auch, dass auf c6 weder ein Bauer noch eine Figur steht, aber das erweist sich bald als unerheblich:

1.♖d1xd4 ♛b6xd4 2.♕e2xe6+ ♞f6−d7

und nun hat Weiß die Ausgangsstellung von "Bodens Matt" erreicht:

3.♕e6−c6+ b7xc6 4.♗b5−a6#

[2...♖d8−d7 rettet auch nicht: 3.♗b5xd7+ ♚c8−d8
(3...♞f6xd7 4.♕e6−e8#) 4.♗f4−c7+ ♚d8xc7
5.♞c3−b5+ mit Damengewinn]

Nimzowitsch − Aljechin (Variante), Wilna 1912

50 Angriff und Gegenangriff

Im letzten Zug von Schwarz geschah der Abtausch ...Se4xc3. Weiß sollte ganz normal zurückschlagen mit 1.b2xc3 oder mit 1.♕c2xc3 Die Stellung ist dann ausgeglichen.

Statt dessen war er besonders schlau und zog **1.♘f3–g5** *(D1)* mit der Doppeldrohung Matt auf h7 und Schlagen auf b7.

Es könnte folgen 1...♗e7xg5 (erzwungen wegen der Mattdrohung auf h7)

2.♗g2xb7 *(D2)* ♘b8–c6 3.b2xc3 ♖a8–b8 4.♗b7xc6 d7xc6 5.♗c1xg5 ♕d8xg5

oder ähnlich. Da die zahlreichen möglichen Varianten schwer im Kopf durchzurechnen sind, hatte sich Weiß vielleicht sogar mehr versprochen. Ein Zwischenzug reißt Weiß aus seinen Gewinnträumen: **1...♘c3xe2+** Jetzt kann Schwarz erst einmal eine Drohung abwehren. Entweder muss die Dame nach **2.♕c2xe2** die Mattdrohung aufgeben, oder, wenn der König wegzieht, kann der Läufer auf g2 mit Schach zwischentauschen.

2...♗b7xg2 3.♔g1xg2 ♗e7xg5 *(D3)* und Schwarz hat eine Figur gewonnen.

Dies ist der typische Fall wo, statt bei einem Abtausch zurückzuschlagen oder, wenn eine eigene Figur angegriffen ist, ein Gegenangriff aufgeboten wird. Wenn dieser klar und zwingend ist, wäre dagegen auch gar nichts zu sagen. Oft aber werden wie hier nebulöse, unklare Attacken ausgeführt, die nur zu oft durch Zwischenzüge ausgehebelt werden. In freien Partien oder Trainingspartien spricht nichts gegen Experimente, die uns wichtige Erfahrungen verschaffen. In einer Turnierpartie dagegen sollte man lieber Varianten meiden, die unklar und schwer berechenbar sind.

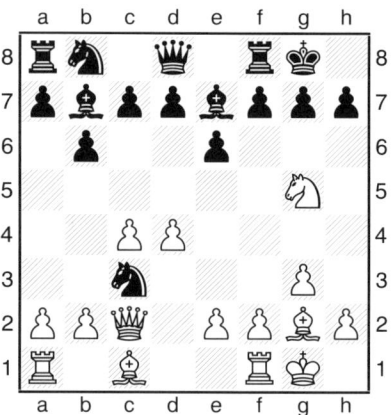

D1 nach 1.♘f3–g5

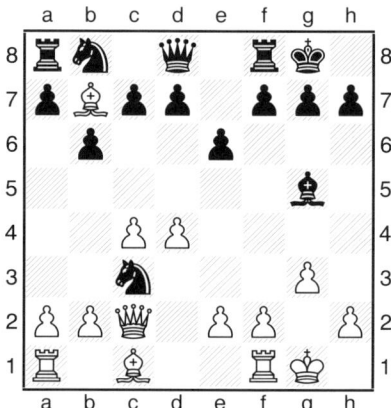

D2 nach 2.♗g2xb7

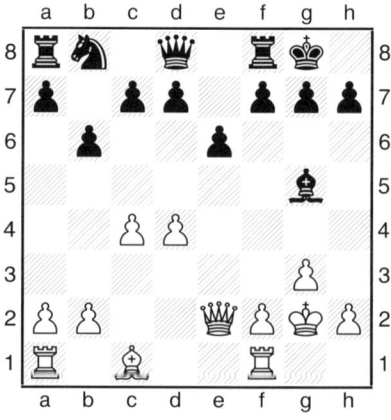

D3 nach 3... ♗e7xg5

51 Réti und Morphy, die Kreativen

1.e2–e4 c7–c6 2.d2–d4 d7–d5

Mit der Caro–Kann–Verteidigung fängt die Partie ganz harmlos an.

**3.♘b1–c3 d5xe4 4.♘c3xe4 ♘g8–f6
5.♕d1–d3 e7–e5** *(D1)*

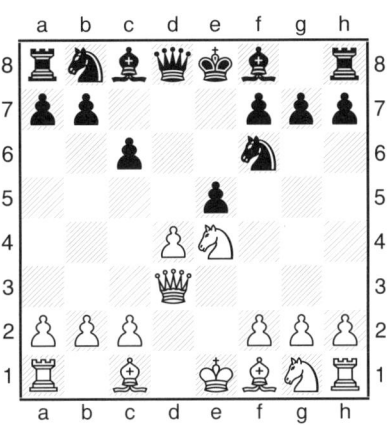

D1 nach 5...e7–e5

Was auf den ersten Blick wie ein Bauernverlust aussieht, ist in Wirklichkeit nur Abtausch. Schwarz hätte auf viele andere Arten entwickeln können, etwa **5...♘f6xe4** 6.♕d3xe4 g7–g6 7.c2–c3 ♗f8–g7; oder **5...♘b8–d7** 6.♘g1–f3 ♘f6xe4 7.♕d3xe4 ♘d7–f6 In allen Varianten bleibt die Stellung jedoch ausgeglichen.

6.d4xe5 ♕d8–a5+ Mit Doppelangriff wird der Bauer zurückgewonnen.

7.♗c1–d2 ♕a5xe5 8.0–0–0 *(D2)*

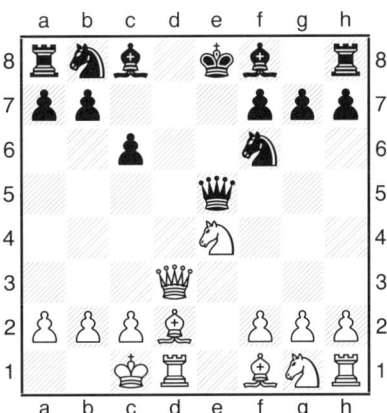

D2 nach 8.0–0–0

Allmählich wird die Lage für Schwarz kritisch. Weiß ist besser entwickelt und kann die offenen Linien d und e nutzen. Vor allem die Stellung von König und Dame in einer Linie ist immer kritisch. Le7 wäre wohl ein sinnvoller Entwicklungszug gewesen.

Schwarz dachte aber wohl (prinzipiell auch durchaus richtig!) er könne seine Stellung durch Abtausch entlasten.

8...♘f6xe4?? 9.♕d3–d8+

Schwarz hatte abgesehen vom Abtausch wohl nur mit 9.♖d1–e1 ♗c8–f5 10.f2–f3 o. dgl. gerechnet. Danach ist die Stellung in etwa ausgeglichen und es würde sich sicher eine lange Partie entwickeln. Der Angriff auf der d–Linie war ihm völlig entgangen – kein Wunder, es war die Geburtsstunde eines neuen Mattmotivs!

9...♔e8xd8 *(D3)* **10.♗d2–g5+**

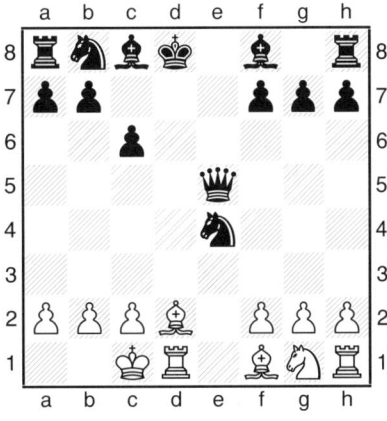

D3 nach 9...♔e8xd8

Ein tückisches Doppelschach

10...♔d8–e8 11.♖d1–d8# *(D4)*

Auf 10...♔d8–c7 folgt 11.♗g5–d8# *(D5)*

Dies war die Partie **Réti - Tartakower**, Wien 1910.

Richard Réti sollte sich in den folgenden Jahren einen Namen als starker Meister und Schöpfer vieler geistreicher Studien machen.

Tartakower, ebenfalls ein starker Meister, wurde nicht zuletzt durch seine flotten Sprüche und unterhaltsamen Kommentare berühmt.

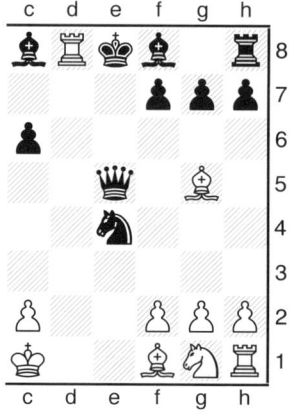

D4

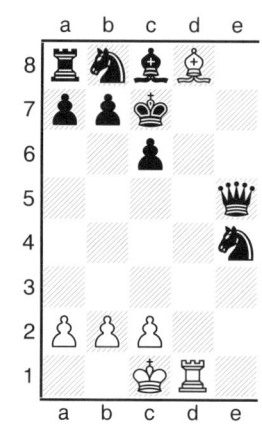

D5

Ganz neu war die Idee allerdings nicht, denn Paul Morphy, der seinerzeit beste Spieler der Welt, hatte 1857 in einer Partie in der Pariser Oper gegen Beratende ein teilweise ähnliches Matt kreiert, das seitdem als Morphy-Matt bekannt ist.

Schauen wir, wie Morphy seine Partie gewann:

Morphy - Herzog von Braunschweig *und* ***Graf Isouard***, Paris 1858

Nach 15 Zügen hatte Morphy gegen seine sich beratenden Gegner diese Stellung erreicht.

Mit **1.♗b5xd7+ ♞f6xd7**
fing alles ganz harmlos an, aber nun macht die Weglenkung/Linienräumung

2.♕b3-b8+ nach **♞d7xb8** den Weg für **3.♖d1-d8#** frei.

Wie am Hebearm eines Krans hängt der Turm und beherrscht die Grundreihe!

Beides originelle Mattideen von zwei großen kreativen Schachmeistern, Der Leser mag selbst entscheiden, welches der Mattmotive ihm persönlich besser gefällt.

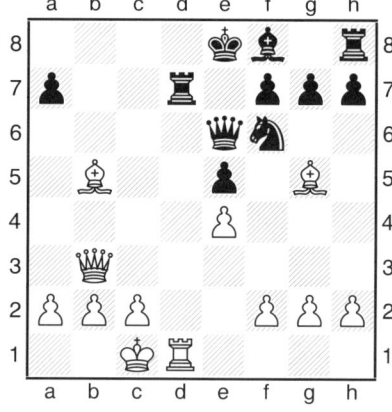

D5 Morphy – Beratende

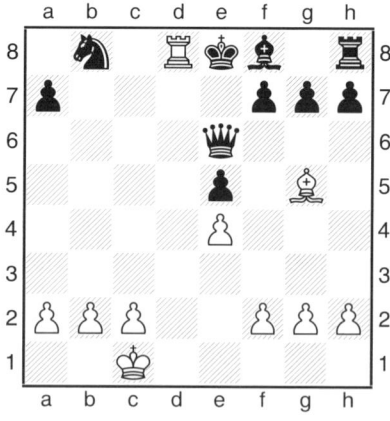

D6 Endstellung nach ♖d1-d8#

52 Blinder Eifer kostet den Sieg!

1.e2−e4 e7−e6 2.d2−d4 d7−d5 3.♘b1−c3

Wir sind nun an der Hauptgabelung zu den beiden wichtigsten Komplexen der Französischen Verteidigung. Schwarz kann wählen zwischen 3... ♗f8−b4 oder 3... ♘g8−f6. Beides geschieht mit der Absicht, Weiß zum Vorziehen e4−e5 (= Festlegung seiner Bauernstruktur) zu zwingen und danach mit c7−c5 das Zentrum zu attackieren. Deswegen sind Züge wie c7−c6 oder Sb8−c6 im Franzosen sehr schwach, denn sie behindern dieses Vorhaben.

3...d5xe4 *(D1)* Schwarz wählt eine wenig gebräuchliche Fortsetzung, die sogenannte "Rubinstein−Variante". Sie gibt das Zentrum auf und vereinfacht das Spiel. Der in den meisten Französischvarianten eingesperrte ♗c8 kann mit b7−b6 ins Spiel gebracht werden.

4.♘c3xe4 ♘b8−d7

Direktes 4...♘g8−f6 ist auch möglich: 5.♘e4xf6+ g7xf6 oder auch 5...♕d8xf6 6.♘g1−f3 h7−h6 7.♗f1−d3) 6.♘g1−f3 b7−b6 oder auch andere Entwicklungszüge.

5.♘g1−f3 ♘g8−f6 6.♘f3−g5 *(D2)*

[Üblich ist 6.♘e4xf6+ ♘d7xf6]

6...♗f8−e7 7.♘g5xf7

Weiß hat einen "Trick" erspäht und opfert mutig einen Springer. Wir haben dieses Opfermotiv schon früher kennen gelernt.

7...♔e8xf7 8.♘e4−g5+ ♔f7−g8 *(D3)*

[8...♔f7−g6?? Das Herauslaufen des Königs ins Freie ist fast immer sein Verderben. Hier geht es sogar besonders einfach und schnell bereits nach

9.♗f1−d3+ ♔g6−h6 10.♘g5−f7# zu Ende]

9.♘g5xe6

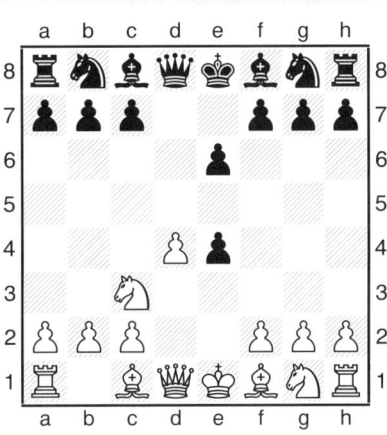

D1 nach 3...d5xe4

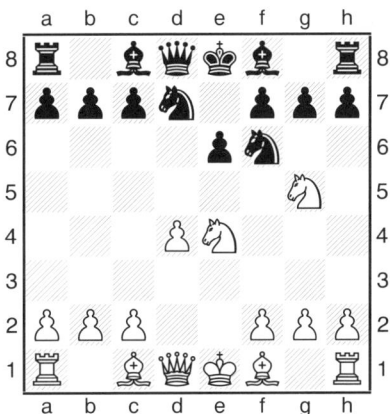

D2 nach 6.♘f3−g5

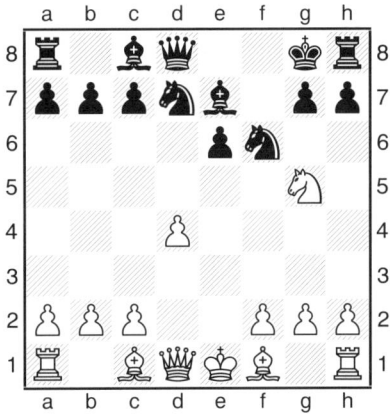

D3 nach 8...♔f7−g8

9...♕d8−e8? *(D4)*

Gegenangriff ist hier die einzig richtige Verteidigung: **9...♗e7−b4+** und nach 10.c2−c3 ♕d8−e7 11.♕d1−e2 ♗b4−d6 erweist sich das Springeropfer als Caféhaus−Schach!

10.♘e6xc7?? Der weiße Plan scheint aufzugehen. Oder auch nicht:

10...♗e7−b4# *(D5)* Er hat in seinem Eifer das Abzugsschach mit Doppelschach übersehen. Beide Schachs wären einfach zu parieren − aber eben nicht gleichzeitig!

Auch unmittelbar vor dem greifbar nahen Sieg sollte man die Absichten und Drohungen des Gegners nie aus den Augen verlieren, sonst kann es einem gehen wie hier dem unglückseligen Weißen!

10.♗f1−c4 dagegen hätte Schwarz vor unlösbare Probleme gestellt. Sein König kann nicht ziehen und es droht sofort ♘xc7 mit Abzugsschach und Damengewinn. So dicht lagen in dieser Partie Freud und Leid beieinander!

10...♗e7−b4+ 11.♔e1−f1 *(D6)* **♕e8−f7**

12.b2−b3 b7−b5 13.♘e6−g5 b5xc4 14.♘g5xf7 ♔g8xf7 15.♕d1−f3 und wenn auch der materielle Vorsprung nicht so groß ist, hat Weiß mit der Dame die besten Gewinnchancen.

(oder **11...♕e8−e7** 12.♘e6xc7+ ♔g8−f8 13.♘c7xa8 mit mehr Materialgewinn für Weiß als in der vorhergehenden Variante, dafür behält Schwarz aber die Dame und kann versuchen, zu "zaubern")

Es lohnt sich, die beiden Endstellungen in Trainingspartien auszuspielen und sich selbst ein Bild zu machen über die Möglichkeiten und Probleme.

Man sollte immer an das Sprichwort denken: "Nichts ist so schwer als eine gewonnene Partie zu gewinnen!"

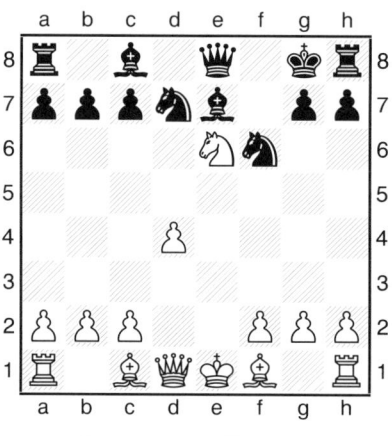

D4 nach 9...♕d8−e8

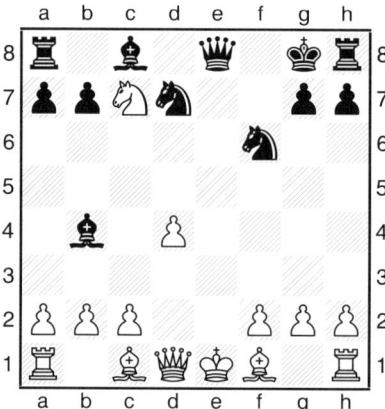

D5 nach 10...♗e7−b4#

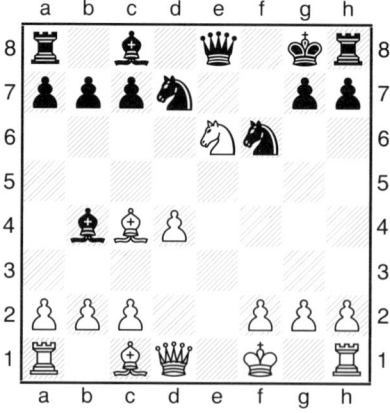

D6 nach 11.♔e1−f1

53 Bauernaufstand

Bedrohlich stehen die schwarzen Bauern vor dem weißen König und man denkt unwillkürlich an Bauernaufstand und Revolution. Aber die anstürmenden Bauern sind für Weiß nicht wirklich gefährlich, denn sie sind zu weit vom Umwandlungsfeld entfernt, um gewinnen zu können.

Ihre beiden weißen Kollegen dagegen entscheiden bei richtigem Spiel über das Partieergebnis. Sie haben den Marschallsstab im Tornister:

(D1) **1.h5–h6** Ein wichtiger Zug, denn Schwarz am Zug könnte durch

1...♔h8–h7 2.f6–f7 ♔h7–g7 3.h5–h6+ ♔g7xf7 4.h6–h7 ♔f7–g7;   oder auf

1.f6–f7 mit ♔h8–g7 2.h5–h6+ ♔g7xf7 3.h6–h7 ♔f7–g7 beide Bauern erobern und danach leicht gewinnen.

1...♔h8–g8

Von diesem Feld aus hat der König nun beide Bauern unter Kontrolle – aber nur von g8, jeder Königszug möglich den Durchbruch!

[1...♔h8–h7 hilft jetzt nicht mehr, denn auf 2.f6–f7 kann Schwarz die Umwandlung nicht verhindern]

2.♔a1–b1 a4–a3

[2...c4–c3 3.♔b1–c2 a4–a3 4.♔c2–b3 usw.]

3.♔b1–a2 *(D2)* **c4–c3**

[3...b4–b3+? 4.♔a2xa3 und Weiß gewinnt die Bauern noch einfacher]

4.♔a2–b3 a3–a2 5.♔b3xa2 c3–c2 6.♔a2–b2 b4–b3 *(D3)*

Schwarz kommt in Zugzwang und muss entweder alle seine Bauern aufgeben oder den König ziehen, beides verliert natürlich.

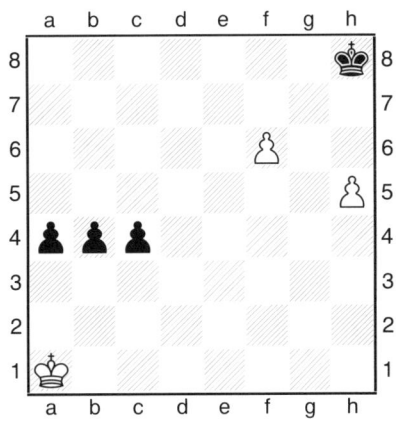

D1 Ponziani 1769

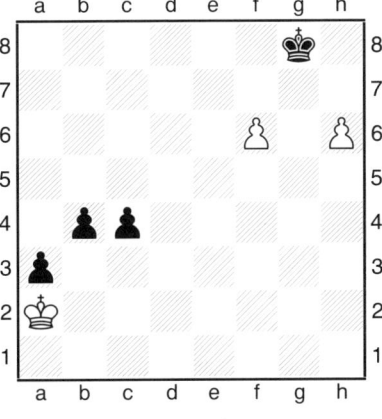

D2 nach 3.♔b1–a2

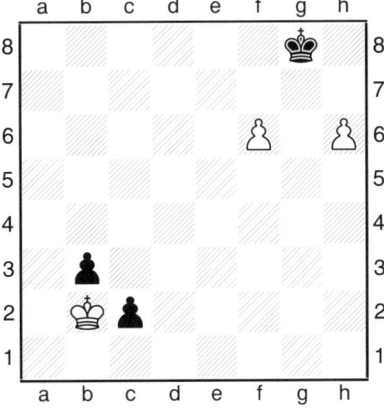

D6 nach 6...b4–b3

54 Läufer, die schrägen Killer!

**1.d2–d4 ♞g8–f6 2.♞g1–f3 e7–e6
3.♗c1–g5 c7–c6** *(D1)*

Die Stellung ist ausgeglichen, aber grundsätzlich sollte der unerfahrener Spieler versuchen, das Zentrum zu besetzen oder zu attackieren statt "herumzueiern". Das gibt dem Gegner nur unnötigen Spielraum und freie Wahl der Möglichkeiten.

3...d7–d5 oder **3...c7–c5** wären konkreter als der Partiezug gewesen. Mit c7–c6 vergibt sich Schwarz auch die Möglichkeit, nach späterem d7–d5 den weißen Bd4 direkt und ohne Tempoverlust mit c7–c5 zu attackieren. Außerdem versperrt er dem Springer sein natürliches Entwicklungsfeld.

4.e2–e4 Weiß könnte auch c3, e3, ♗x♞f6 oder vieles andere spielen.

4.♛d8–b6 *(D2)* Das war also der Plan des Schwarzen! Ein Angriff auf den Bb2, der zugleich den ♞f6 entfesselt, wodurch der Be4 hängt. Aber Schwarz investiert viele Tempi in diesen Bauerngewinn und überlässt Weiß Entwicklungsvorsprung.

**5.♞b1–d2 ♛b6xb2 6.♗f1–d3 d7–d5
7.0–0** *(D3)* **♛b2–b6**

Etwas flexibler wäre wohl **♛b2–a3** gewesen, was den Ba2 weiter bedroht und von wo die Dame schneller zum Schutz des Königs zurückkehren kann.

Konsequent wäre eigentlich, nun rigoros abzutauschen, um so die Stellung zu vereinfachen und die taktischen Chancen zu reduzieren. <u>Weiß</u> muss schließlich Kompensation für den abgegebenen Bauern erreichen, sonst geht er einem schwierigen Endspiel entgegen.

Also **7...d5xe4 8.♞d2xe4 ♞f6xe4 9.♗d3xe4 h7–h6** usw.

8.♛d1–e2 d5xe4 9.♞d2xe4 ♞f6xe4

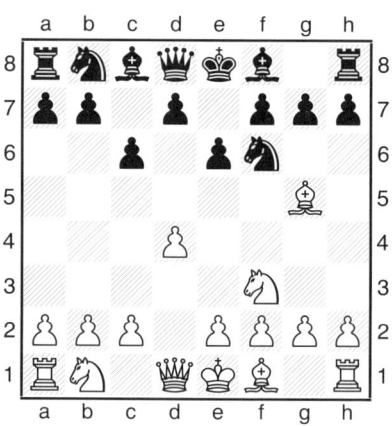

D1 nach 3...c7–c6

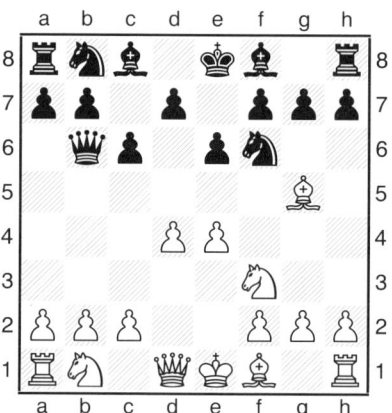

D2 nach 4.♛d8–b6

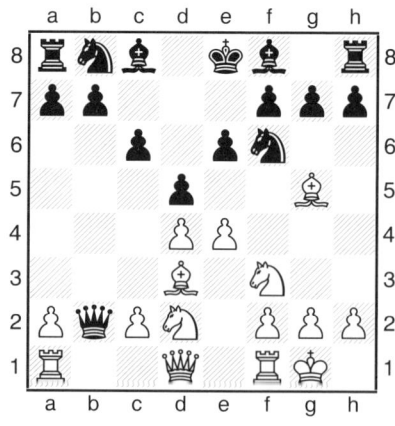

D3 nach 7.0–0

10.♕e2xe4 *(D4)*

Diese Art des Abtauschs hat Weiß eine viel druckvollere Stellung eingebracht als in der vorherigen Variante, bei der die Dame auf d1 blieb und nur der Läufer auf e4 zentralisiert wurde.

10...♘b8–d7 11.c2–c4 h7–h6?? *(D5)*

Fast jeder andere Zug wäre besser gewesen, z.B. ***11...♕b6–a5*** 12.♖f1–e1 ♗f8–d6 13.♕e4–g4 und Weiß steht aggressiver. Akut droht der Abzug ♗g5–d2 und der Bg7 hängt.

Der Textzug gibt die Kontrolle über das Feld g6 auf, was fatale Folgen hat. Wenn man das Gefüge der Bauern betrachtet *(siehe markierte Felder)* sieht man die Überlastung des Bf7, der nun allein die Felder e6 und g6 kontrollieren/decken muss. Das kann er hier nicht, er ist mit seiner Deckungsaufgabe **überlastet**.

Eine Weglenkung des Bf7 öffnet zugleich die Diagonale e8–h5, was dem unrochierten König generell gefährlich werden kann, wie wir ja schon an etlichen Beispielen gesehen haben.

12.♕e4xe6+ f7xe6 13.♗d3–g6# *(D6)*

Das elementare Zwei–Läufer–Matt, das auch durch ein Turmopfer auf e6 eingeleitet werden kann oder bei dem ein Läufer durch die Dame ersetzt werden kann.

Wer rechtzeitig entwickelt und rochiert, braucht solche Attacken nicht zu fürchten!

Eine etwas andere Form des Zwei–Läufer–Matts sehen wir in der folgenden Partie:

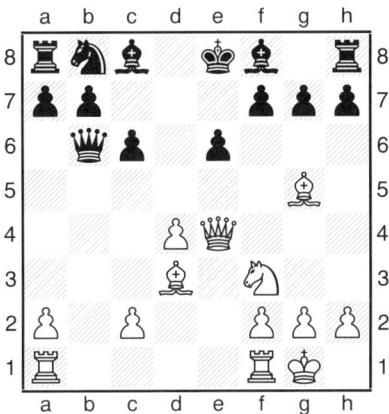

D4 nach 10.♕e2xe4

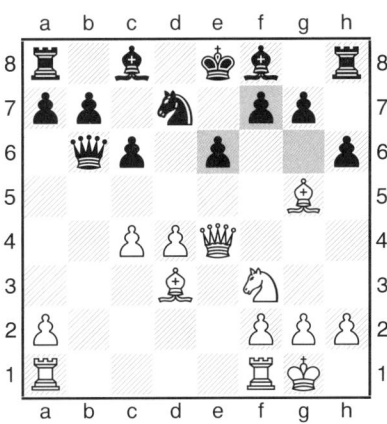

D5 nach 11...h7–h6??

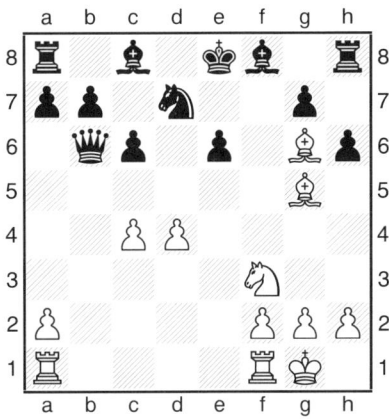

D6 nach 13.♗d3–g6#

55 Im Kreuzfeuer des Läuferpaars

1.e2–e4 e7–e6 2.d2–d4 d7–d5
3.♘b1–c3 ♗f8–b4 4.♗f1–d3 *(D1)*

In der Französischen Verteidigung versucht hier Weiß nicht, mit e4–e5 den Gegner einzuengen, sondern nimmt sofort den Zentrumskampf auf.

4...♗b4xc3+

[Schwarz könnte auch **4...d5xe4** spielen, was ein wenig stärker wäre: 5.♗d3xe4 ♘g8–f6 6.♗c1–g5 (oder 6.♗e4–f3) usw. Auch 4...c7–c5 wäre möglich. Aber der Textzug ist kein Fehler]

5.b2xc3 d5xe4 6.♗d3xe4 ♘g8–f6
7.♗e4–d3 h7–h6 *(D2)*

Solche sinnlosen Angstzüge sind schon vielen Spielern zum Verhängnis geworden. Richtig wäre **0–0**, die Fesselung ♗c1–g5 kann durch ♘b8–d7 nebst der Entfesselung c7–c6 und z.B. ♛d8–a5 leicht abgewehrt werden. Der Bh6 ist in vielen Angriffssituationen eine Schwächung der Rochadestellung und eine Angriffsmarke.

Nach **8.♗c1–a3** hat Schwarz ein Problem, denn nun ist die Rochade nicht mehr möglich und sie wieder zu ermöglichen ist gar nicht so einfach.

8...♘b8–d7 9.♛d1–e2 c7–c6 *(D3)* verfolgte wohl die Idee, mit ♛c7 den Vorstoß c6–c5 zu unterstützen und so die Diagonale a3–f8 wieder zu schließen, was die Rochade ermöglichen würde. Aber Schwarz hatte ein wichtiges taktisches Motiv übersehen:

10.♛e2xe6+ f7xe6 11.♗d3–g6# *(D6)*

Diesmal ist der König im Kreuzfeuer der Läufer gefangen. Auch auf die Gefahr hin, jemanden mit Wiederholungen zu nerven:

Bei rechtzeitiger Rochade wäre das nicht passiert.

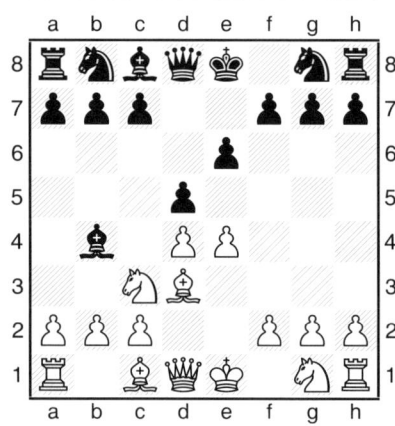

D1 nach 4.♗f1–d3

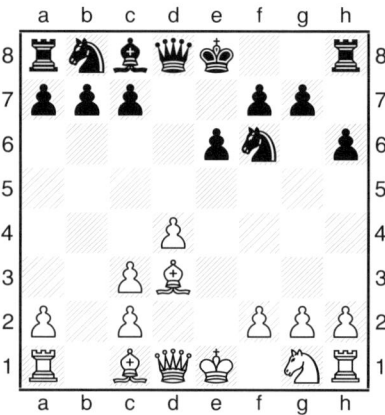

D2 nach 8...c7–c6

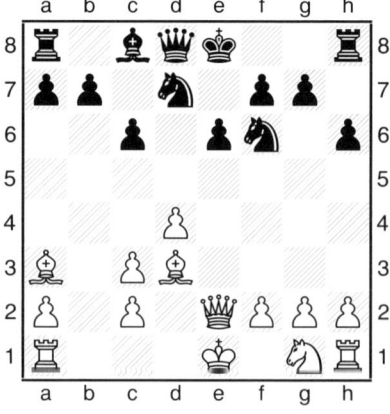

D3 nach 11.♗d3–g6#

56 Alles zu seiner Zeit

1.e2–e4 e7–e5 2.♘g1–f3 ♘b8–c6
3.♗f1–b5 a7–a6 4.♗b5–a4

Die Spanische Partie kennen wir ja bereits.
Hier setzt Schwarz mit **4...♘g8–f6** fort,
worauf in aller Regel Weiß **5.0–0** zieht *(D1)*.

5...♗f8–e7 6.♕d1–e2

Sinn des Damenzuges ist es, den Turm
nach d1 zu bringen und mit c2–c3 und d2–
d4 das Zentrum anzugreifen.

6...0–0 Entwicklung ist ja durchaus lobens-
wert, aber hier wäre es an der Zeit gewesen,
mit **6...d7–d6** den Bauern zu decken oder
durch **6...b7–b5** den Deckungsspringer zu
sichern. Außerdem ist es günstig, den Läufer zu vertreiben, bevor Weiß c2–c3 gezogen hat, denn danach kann er nach c2 ziehen, wo er sehr günstig postiert wäre. Nach
Abtausch des Be5 und e4–e5 wird die Diagonale Richtung h7 frei und der Läufer
wirkt auf den gegnerischen Königsflügel.

7.♗a4xc6 *(D2)* **d7xc6 8.♘f3xe5 ♕d8–d4**

Dieses Manöver gewinnt in der frühen Eröffnungsphase den Bauern stets zurück und
Schwarz hatte sich wohl darauf verlassen.
Aber mittlerweile haben beide Seiten etliche
Züge gemacht und die Situation ist eine
ganz andere. Das musste auch Schwarz
bald feststellen, denn nach

9.♘e5–f3 ♕d4xe4? *(D3)* **10.♕e2xe4**
♘f6xe4 11.♖f1–e1 spießt der Turm Springer und Läufer auf der e-Linie auf und gewinnt so eine Figur. Auf **11...f7–f5** folgt
12.d2–d3, es gibt kein Entrinnen.

Manche taktischen Manöver gehen nur zu
bestimmten Zeiten - und für die Rücorobe-
rung durch Dd4 war die Zeit schon abgelau-
fen! Also nicht schematisch spielen, sondern
immer sorgfältig prüfen, ob ein Manöver
(noch) geht!

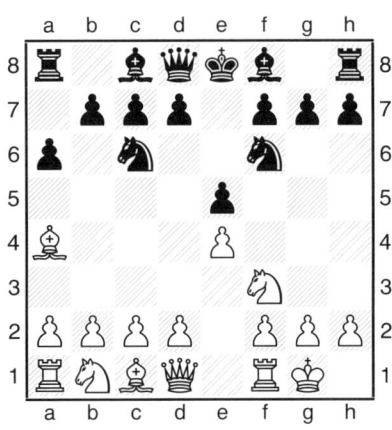

D1 nach 5.0–0

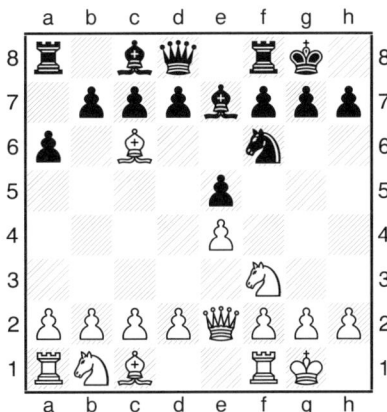

D2 nach 7.♗a4xc6

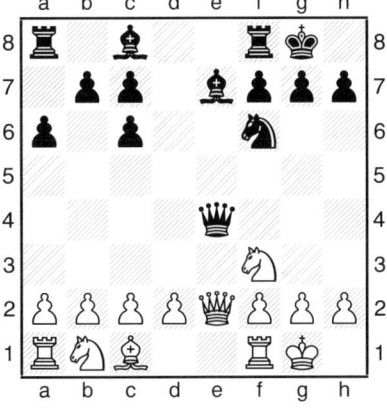

D3 nach 9...♕d4xe4?

57 Nimm den richtigen!

Der weiße König rauscht heran, seine beiden Bauern im Schlepptau. Das sieht bedrohlich aus, muss aber genau gespielt werden, um auch wirklich zu gewinnen.

Die erste Idee ist, mit *1.e5–e6* den gegnerischen Bauern wegzulenken und dann den g–Bauern umzuwandeln:

1...♔e8–f8 2.e6–e7+ ♔f8–e8 3.♔f6–g7 ♔e8xe7 4.♔g7–g8 und Schwarz hält Remis.

[Falsch ist *1...f7xe6* 2.♔f6xe6 ♔e8–f8 3.♔e6–f6 ♔f8–g8 4.♔f6–g6 und Weiß erreicht die Gewinnposition "König vor seinem Bauern auf der 3.(6.)Reihe]

(1...f7xe6) **2.♔f6–g7** gestaltet die Partie etwas spannender, gewinnt aber ebenfalls:

2...e6–e5 3.g5–g6 e5–e4 4.♔g7–h7 e4–e3 5.g6–g7 e3–e2 6.g7–g8♕+)

Der richtige Weg zum sicheren Gewinn ist

1.♔f6–g7 *(D2)* **♔e8–e7 2.♔g7–g8 ♔e7–e8**

(2...♔e7–e6 3.♔g8–f8 ♔e6xe5 4. ♔f8xf7 und gewinnt) **3.e5–e6** Nun ist der Moment für die Weglenkung gekommen! Der weiße Freibauer ist schneller als der schwarze.

3...f7xe6 4.g5–g6 e6–e5 5.g6–g7 e5–e4 6.♔g8–h7 und Weiß wandelt im nächsten Zug um und gewinnt leicht.

1.g5–g6 (D3) ist eigentlich ein unlogischer Ansatz, wir wollen ihn aber der Vollständigkeit halber doch einmal untersuchen:

1...♔e8–f8 2.g6–g7+ ♔f8–g8 3.♔f6–e7 ♔g8xg7 4.♔e7–e8 ♔g7–g6/g8 =)

oder *1...f7xg6* 2.♔f6–e6 g6–g5 3.♔e6–f5 ♔e8–e7 4.♔f5xg5 ♔e7–e6 5.♔g5–f4 ♔e6–e7 und Schwarz hat die typische Remisstellung erreicht, er kann immer im entscheidenden Moment in Opposition gehen.

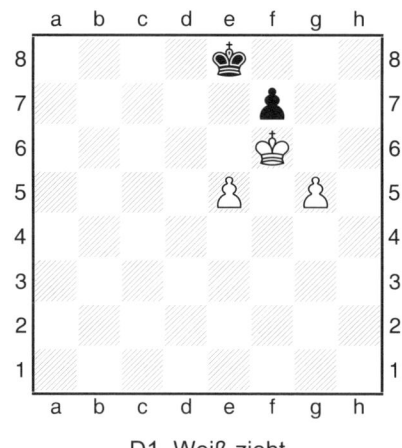

D1 Weiß zieht

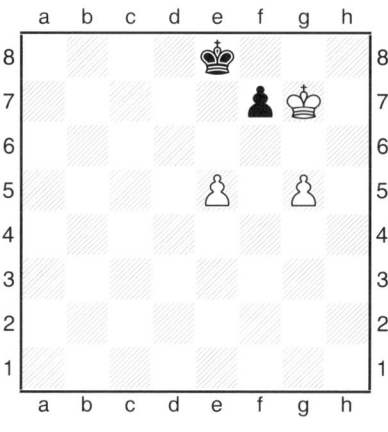

D2 nach 1.♔f6–g7

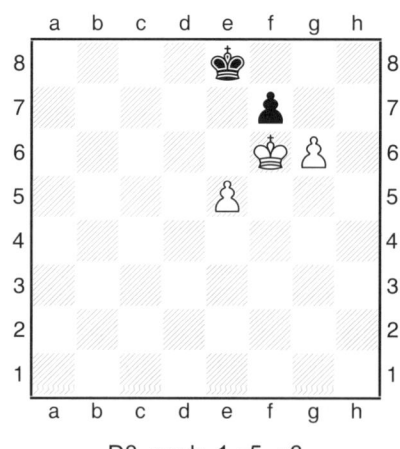

D3 nach 1.g5–g6

58 Doppelt hält besser!

**1.e2−e4 e7−e5 2.♘g1−f3 ♘b8−c6
3.♗f1−b5 a7−a6 4.♗b5−a4 ♘g8−f6
5.0−0 b7−b5 6.♗a4−b3 ♗f8−c5** *(D1)*

Das ermöglicht den "Zentrumsfeger", das Opfer **7.♘f3xe5** Mit Lf8−e7 hätte Schwarz dies vermeiden könne, allerdings führt das Scheinopfer bei genauem Spiel nicht zu weißem Vorteil. Für Gegner, die sich in der Eröffnung nicht auskennen ist der Opfer-einschlag aber immer ein Schock, der oft zu Fehlern in den nächsten Zügen führt, wie wir auch hier bald sehen werden.

7...♘c6xe5 8.d2−d4 ♗c5−d6?

Das ist der falsche Weg zum Ausgleich. Die richtige Fortsetzung wäre

8...♗c8−b7 *(D2)*

Nun hat Weiß zwei Möglichkeiten:

A) 9.d4xe5 ♘f6xe4 **10.♕d1−g4 g7−g6** und Ausgleich. Das Loch g7 erscheint ein wenig unangenehm, ist aber nicht wirklich gefährlich. (Die Verteidigung des g−Bauern durch 10...0−0? ist dagegen kaum ratsam: 11.♗c1−h6 g7−g6 12.♗h6xf8) ;

B) 9.d4xc5 ♕d8−e7

Der Damenzug verhindert eine weiße Atta-cke mit 10.f2−f4, denn darauf folgt 10...♕e7xc5+ 11.♔g1−h1 ♘e5−g4 mit besserem Spiel für Schwarz.

Bei normaler weißer Fortsetzung, z.B. durch 10.Sb1−c3 oder 10.Lc1−g5 und folgendem 10...De7xc5 steht Weiß etwas besser, aber dieser Vorteil ist nicht groß. (9...♘f6xe4? Ohne rochiert zu haben sollte Schwarz lieber vorsichtig sein: 10.♗b3−d5 ♘e4xc5 11.♖f1−e1 d7−d6 12.f2−f4 und Figurenverlust)]

9.d4xe5 *(D3)* **♗d6xe5 10.f2−f4** und er-neut ergibt sich das "Gabelproblem":

10...♗e5−d6 11.e4−e5

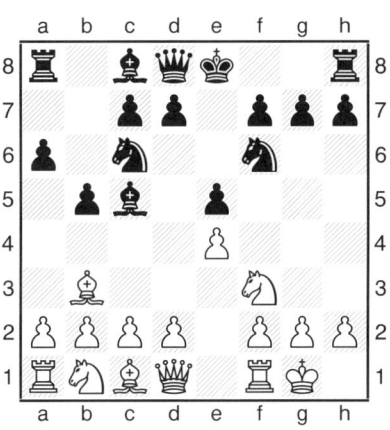

D1 nach 6...♗f8−c5

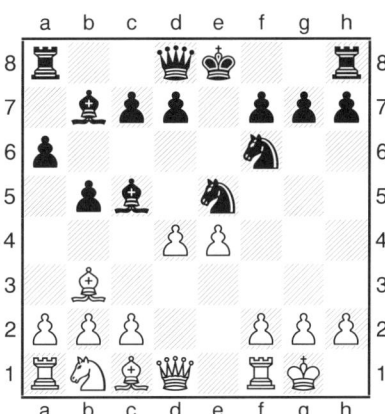

D2 nach 8...♗c8−b7 (Analyse)

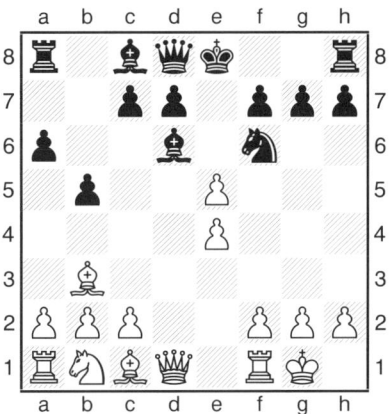

D3 nach nach 9.d4xe5

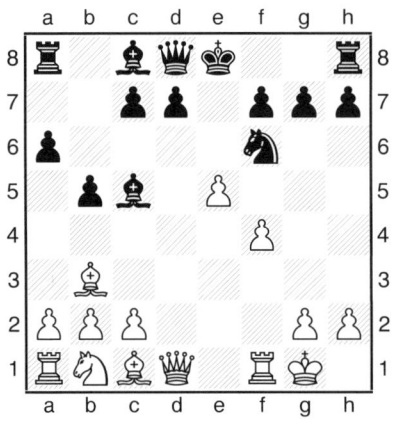

D4 nach 11...♗d6−c5+

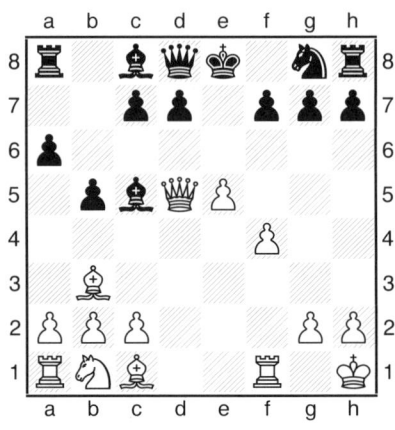

D5 nach 13.♕d1−d5

11...♗d6−c5+ *(D4)* **12.♔g1−h1** ♘f6−g8

Alles in Ordnung? Es sind doch alle schwarzen Figuren in Sicherheit?

Aber nach **13.♕d1−d5** *(D5)* hat die Dame sogar Dreifachangriff auf Ta8, Lc5 und das Mattfeld f7! Schwarz gab auf.

Und weil es so schön geklappt hat, hier noch ein weiteres Beispiel, das auch in der Praxis häufig vorkommt und schon so manche Partie entschieden hat.

In der Stellung von *D6* hatte Schwarz, nachdem er Französisch eröffnet hatte, mit b7−b6 versucht, seinen eingesperrten ♗c8 durch ein Fianchetto zu befreien.

An sich logisch gedacht, aber Schwarz hatte glatt übersehen, dass nach dem Abtausch

1.♗g5xf6 ♗e7xf6 und **2.♕e2−e4** *(D7)*

der Doppelangriff auf ♖a8 und das Mattfeld h7 praktisch die Partie beendet.

Dieses Beispiel zeigt über den Doppelangriff hinaus auch, wie gefährlich es ist, mit b6 oder g6 "Löcher" zu schaffen. Man muss vorher stets sorgfältig prüfen, ob der Gegner direkt oder indirekt von der so geöffneten Diagonalen profitieren kann.

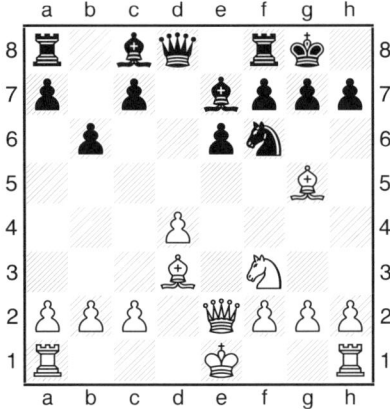

D6 nach ...b7−b6?

D7 nach 2.♕e2−e4

59 Rochade oder nicht?

In dieser Stellung könnte man meinen, dass Schwarz im Falle der Rochade den Läufer verlieren würde. Wenn das so wäre, hätte Schwarz ein ernstes Problem, denn der König würde in der Brettmitte bestimmt nicht alt werden!

Aber bei genauerem Hinschauen sehen wir, dass nach

1...0-0 2.♕e3xe7 ♖f8-e8 (D2)

Schwarz eine starke Gegendrohung besitzt, denn die Dame kann nicht wegziehen, ohne den ♖e1 zu decken, und so wären die unerfreulichen Alternative Damenverlust oder Matt. Weiß ist ahnungslos in einen tödlichen Spieß hineingelaufen.

Aber wenn wir die Stellung noch genauer unter die Lupe nehmen, finden wir auch hier wieder einen Ausweg:

3.♘c3xd5 c6xd5 4.♕e7-b4 (D3)

und die Dame deckt Turm und Mattfeld e1 wieder. Nach

4...♖e8xe1+ 5.♕b4xe1 ♕c7xc2

ist die Stellung ungefähr ausgeglichen. Ein schneller Wechsel von Drohungen und Paraden!

Auch wenn hier die Rochade wider Erwarten doch noch möglich war, sollten wir es in unseren Partien lieber gar nicht erst so weit kommen lassen und rechtzeitig rochieren!

Und wenn wir eine Kombination wie hier den Läufergewinn erspäht haben, sollten wir uns nicht gleich freudig auf das arme Opfer stürzen, sondern sorgfältig überlegen, was der Gegner wohl am Ende dieser Kombination ziehen könnte.

Besonders dann, wenn wir scheinbar ganz leicht Material gewinnen, sollten wir sehr vorsichtig sein!

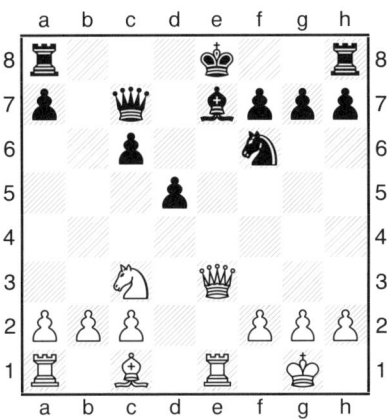

D1 Kann Schwarz am Zug rochieren?

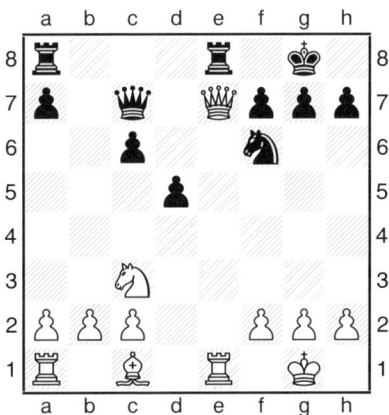

D2 nach 2...♖f8-e8

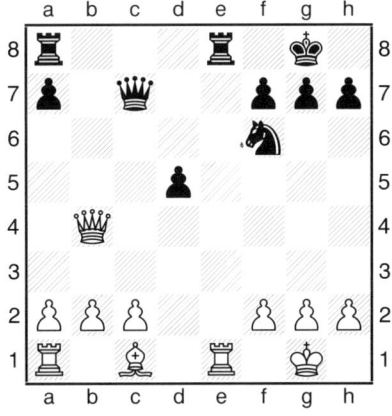

D3 nach 4.♕e7-b4

60 Verfrühte Fesselung

1.e2–e4 e7–e5 2.♘g1–e2 *(D1)*

Dieser merkwürdige Zug an sich ist noch kein Fehler, denn durch Zugumstellung könnten Eröffnungspositionen entstehen, zu denen er passen würde. In der Wiener Partie, deren Aufbau nach 2.♘b1–c3 / 3.d2–d3 / 4.g2–g3 / 5.♗f1–g2 / 6.♘g1–e2 entsteht, wäre der Springer nun richtig postiert.

Allerdings muss man sehr gut aufpassen, wenn man unnötigerweise die Zugfolge verändert. Zudem ist es nicht immer möglich, die beabsichtigte Stellung auch wirklich zu erreichen, denn der Gegner muss sich nicht auf unser Spiel einlassen.

Wahrscheinlich wollte in unserer Stellung Weiß mit dem Springerzug den Vorstoß f4 unterstützen, was aber nicht besonders gut für Weiß ist und ihm auf jeden Fall keinen Vorteil bringt.

2...♘g8–f6 3.d2–d3 ♗f8–c5 4.♗c1–g5 *(D2)*

Statt einen Entwicklungszug wie ***4.♘b1–c3*** (oder auch c2–c3) zu wählen, fesselt Weiß völlig sinnlos den Springer. Auch dann steht Weiß aber etwas schlechter:

4...♘f6–g4 5.d3–d4 e5xd4 6.♘e2xd4 ♕d8–f6 7.♕d1xg4 ♗c5xd4 z.B. 8.♕g4–g3 ♗d4xc3+ 9.b2xc3 und Weiß hat eine schlechte Bauernstruktur am Damenflügel, steht aber wesentlich besser als in der Partiefortsetzung.

4...♗c5xf2+ 5.♔e1xf2 *(D3)*

5...♘f6–g4+ 6.♔f2–e1 ♕d8xg5

und Weiß ist mit Bauernverlust und dubioser Stellung denkbar schlecht gestartet!

Also Vorsicht mit Springerzügen auf die 2.(7.)Reihe, die nicht unbedingt sein müssen oder deren Sinn man nicht genau kennt!

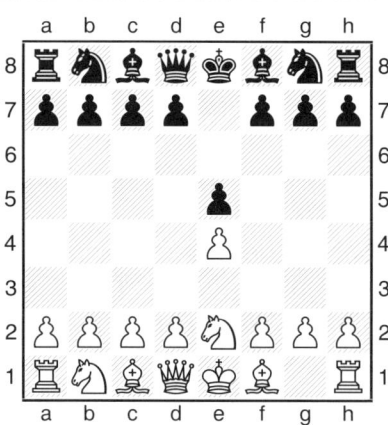

D1 nach 2.♘g1–e2

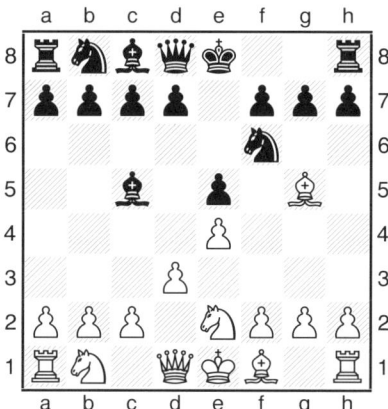

D2 nach 4.♗c1–g5

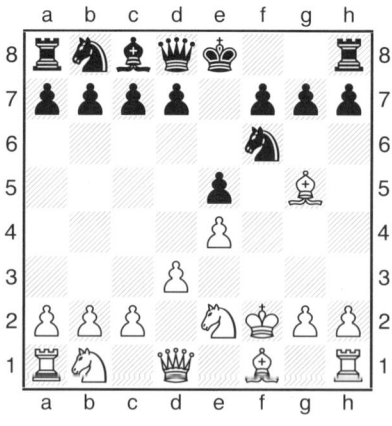

D3 nach 5.♔e1xf2

61 Nicht rächen, einsperren!

Mancher pessimistische Schachfreund würde diese Stellung *(D1)* wohl gleich aufgeben, denn der schwarze König erobert mit Sicherheit den Ba2, während der weiße König hinter ihm herhechelt, ohne seinerseits den Ba3 erobern zu können:

1.♔g8–f8 ♚g6–f6 **2.♔f8–e8** ♚f6–e5
3.♔e8–e7 ♚e5–d4 **4.♔e7–d6** ♚d4–c3
5.♔d6–c5 *(D2)* ♚c3–b2 **6.♔c5–b4**
♚b2xa2 **7.♔b4–c3** ♚a2–b1 und der Weg zur Umwandlung ist frei.

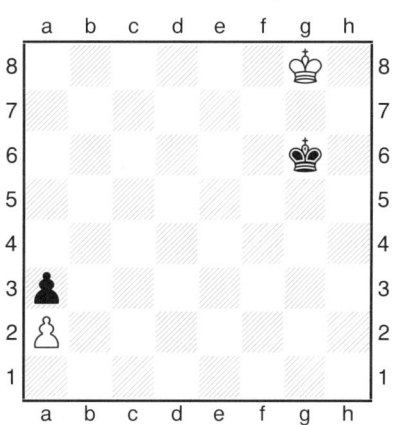

D1 Studie Franz Sackmann, 1924

Aber müssen wir wirklich den Bauern killen? Natürlich, Rache ist süß und Auge um Auge, Bauer um Bauer, oder so was in der Art. Aber wenn wir vom alttestamentarischen Vergeltungsdrang einmal ablassen und uns überlegen, in welcher Position der Schwarze in Remisstellung wäre, finden wir (hoffentlich) leicht die Lösung:

1.♔g8–h8! ♚g6–f6 **2.♔h8–h7** ♚f6–e5
3.♔h7–g6 ♚e5–d4 **4.♔g6–f5** ♚d4–c3
[4...♚d4–d5 5.♔f5–f4 ♚d5–d4 ändert nichts]
5.♔f5–e4 ♚c3–b2 **6.♔e4–d3** *(D3)*
**6...♚b2xa2 7.♔d3–c2 ♚a2–a1 8.♔c2–c1
a3–a2** Patt

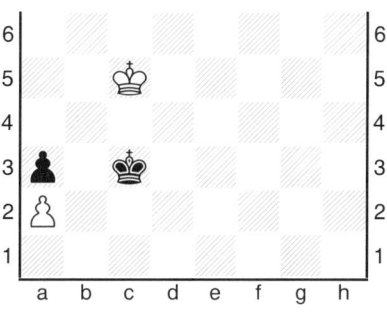

D2 nach 5.Kd6–c5

Abgesehen von dem für die Spielpraxis wichtigem Manöver der Abdrängung / Abschirmung können wir aus diesem Endspiel auch etwas für die allgemeine Planfassung lernen.

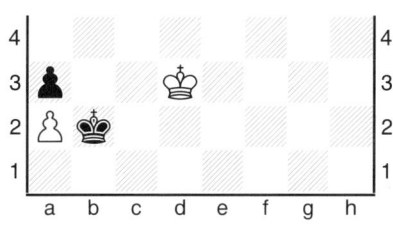

D3 nach 6.Ke4–d3

Wenn wir uns überlegen, in welcher Stellung ein Gegner z.B. Matt wäre, wie eine Pattstellung (eigene oder gegnerische) aussehen könnte, welche Voraussetzungen für eine strategische Vorgehensweise erforderlich wäre usw., dann haben wir schon den ersten Schritt zur Lösung getan. Finden wir eine passende Stellung, können wir uns daran machen, die Varianten zu ihrer Realisierung zu berechnen oder Züge zu finden, die den Gegner in die gewünschte Richtung drängen.

Vorausberechnung fängt mit solchem Vorausdenken an. Wo eine Möglichkeit gegeben ist, findet sich schließlich auch der Weg zu ihr!

62 Läufer gegen Bauern

Weiß hat zwei Bauern gegen den Läufer und eine günstige Position seines Königs, denn er steht nahe und vor seinen Bauern und kann in manchen Varianten den gegnerischen König auf Distanz halten. Aber nur der b-Bauer ist ein echter Kandidat für die Umwandlung, denn der a-Bauer kann nicht gewinnen, wenn der gegnerische König auf das Eckfeld a8 gelangt oder die elementare Remis-/Pattstellung von der Seite aus erreichen kann.

So ist der Gewinnweg gar nicht so einfach zu finden.

1.b4–b5? ♔e8–d8

(Die Blockade durch **1...♗e1–a5** reicht nicht aus: 2.b5–b6 ♔e8–d8 3.b6–b7 ♗a5–c7 4.a4–a5 ♗c7–b8 5.♔c6–b6 ♗b8–e5 6.♔b6–a7 ♔d8–d7 7.b7–b8♕ ♗e5xb8+ 8.♔a7xb8 ♔d7–c6 9.a5–a6 und Weiß gewinnt)

2.♔c6–b7 ♔d8–d7 3.b5–b6 ♗e1–a5 *(D2)* 4.♔b7–a7 ♗a5xb6+ 5.♔a7xb6 ♔d7–c8 6.♔b6–a7 *(6.a4–a5 ♔c8–b8 =)* 6...♔c8–c7 7.a4–a5 ♔c7–c8 8.a5–a6 ♔c8–c7 und Remis durch Patt oder Zugwiederholung.

Der Gewinnzug ist
1.a4–a5 ♔e8–d8
[1...♗e1xb4 2.a5–a6 und der Bauer ist nicht zu stoppen]
**2.a5–a6 ♗e1–f2 3.♔c6–b7 ♔d8–d7 *(D3)*
4.b4–b5 ♔d7–d8 5.a6–a7 ♗f2xa7
6.♔b7xa7** und Weiß gewinnt, er braucht nur noch den Bauern weiter vorzuziehen.

Natürlich gibt es auch noch andere Varianten, die aber nichts ändern. Bei genauem Spiel entscheidet die gute Position des weißen Königs.

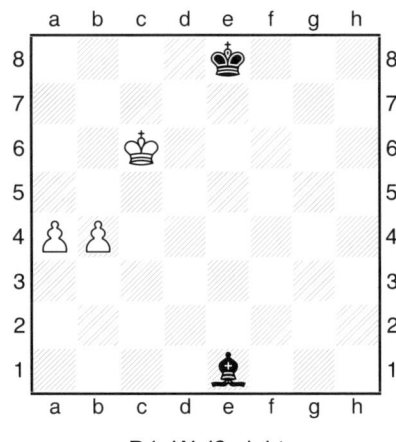

D1 Weiß zieht

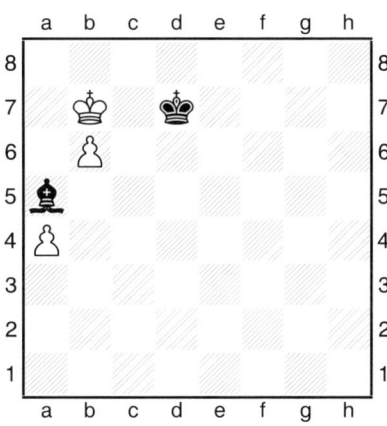

D2 nach 3.♗e1–a5 (Analyse)

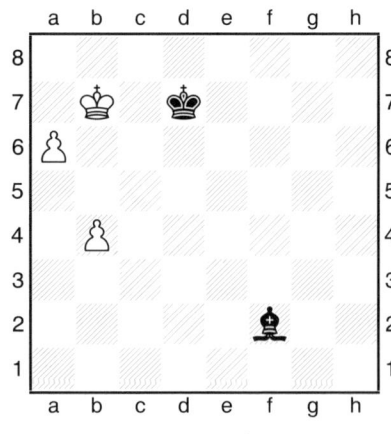

D3 nach 3... ♔d8–d7

63 Hart zur Sache mit Froms Gambit

1.f2–f4 Die selten gespielte Bird–Eröffnung, benannt nach dem englischen Meister Henry Bird (1830–1908), der sie in die Turnierpraxis einführte. Schwarz kann mit d5 oder c5 und dem Fianchetto des Königsläufers nebst 0–0 einen ruhigen Aufbau wählen oder **1...e7–e5** ziehen *(D1)*, Froms Gambit, und so eine sehr scharfe Gangart wählen.

2.f4xe5 d7–d6 3.e5xd6 ♗f8xd6 (droht Dh4+) **4.♘g1–f3 g7–g5** *(D2)* **5.e2–e4**

Üblich ist 5.d2–d4 g5–g4 6.♘f3–g5 f7–f5. Gegen die drohende Eroberung des Springers hilft nun 7.d4–d5 h7–h6 8.♘g5–e6 oder 8.♕d1–d4 ♘g8–f6. Die Stellung ist jeweils ungefähr ausgeglichen.

5...g5–g4 6.e4–e5 Einen Angriff auf eine Figur mit einem Gegenangriff zu beantworten will immer gut überlegt sein. Hier war der Weiße damit jedenfalls nicht gut beraten:

6...g4xf3 7.e5xd6 ♕d8–h4+ *(D3)* **8.g2–g3 ♕h4–e4+ 9.♔e1–f2**

[9.♗f1–e2 f3xe2 10.♕d1xe2 ♕e4xe2+ 11.♔e1xe2 c7xd6 vermeidet das Matt, aber Weiß verliert.

9...♕e4–d4+ 10.♔f2–e1 *(D4)*

[10.♔f2xf3 ♗c8–g4+ verliert die Dame]

10...f3–f2+ 11.♔e1–e2 ♗c8–g4# *(D4)*

und wenn es nicht schon Matt wäre, würde Weiß wieder die Dame verlieren.

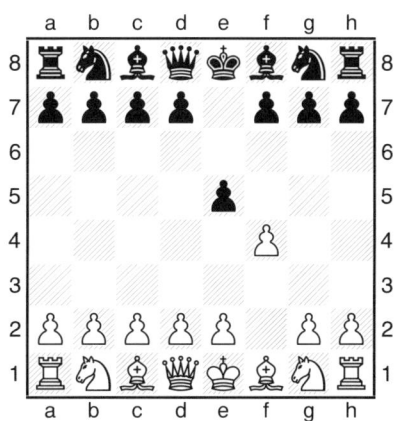
D1 nach 1...e7–e5, Froms Gambit

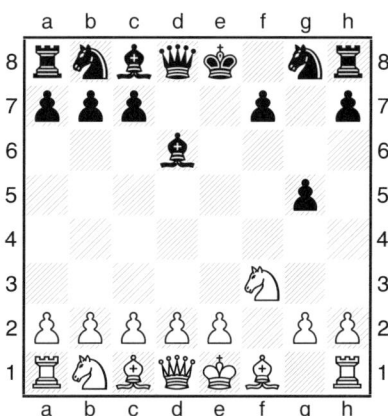
D2 nach 4...g7–g5

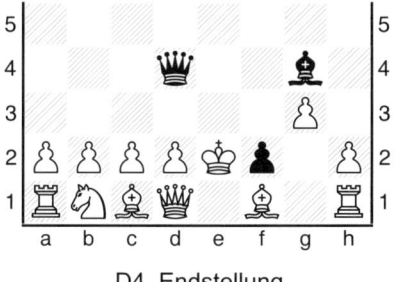
D4 Endstellung

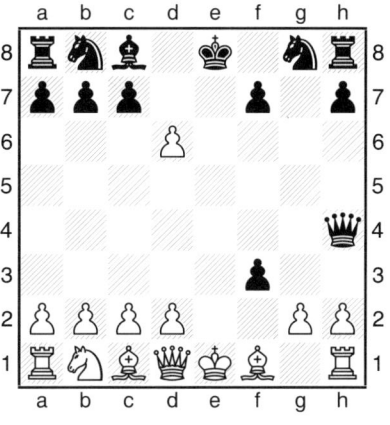
D3 nach 7...♕d8–h4+

64 Absperren und gewinnen

Der unerfahrene Spieler wird hier sicher annehmen, dass er den Turm opfern muss, um den Bauern zu stoppen und somit die Partie Remis enden wird. Der weiße König steht zu ungünstig, um direkt ins Geschehen einzugreifen. Aber mit der richtigen Technik kann Weiß gewinnen und das schauen wir uns gleich mal an:

(D1) **1.♖g7–g5** Der König wird von einem Teil des Brettes ausgesperrt – und zwar von dem Teil, in dem Bauernvormarsch und Umwandlung geschehen sollen. Dieses Manöver muss man sich unbedingt merken, es ist der Schlüssel zu vielen erfolgreichen Endspielabwicklungen.

1...c6–c5 2.♔e8–f7 c5–c4

3.♔f7–f6 c4–c3 *(D2)*

Wenn der Bauer nicht vormarschiert, kommt der weiße König zum Einsatz und erobert gemeinsam mit dem Turm den Bauern..

4.♖g5–g3

Der Bauer ist nun weit vom König entfernt (2 Felder Abstand sind erforderlich) und der Turm kann sich um ihn "kümmern".

4...c3–c2 5.♖g3–c3

Natürlich könnte Schwarz auch versuchen, "am Bauern zu kleben" und einfach hin und her zu ziehen, ihm reicht schließlich Remis. Aber auch dagegen kann Weiß etwas unternehmen:

1...♔d6–e6 2.♔e8–d8 ♔e6–d6 3.♔d8–c8 c6–c5 *(D3)* 4.♔c8–b7 c5–c4 5.♔b7–b6 Schwarz beliebig und 6.♖g5–c5

Der weiße König hat seinen Gegner umlaufen und kann so wieder ins Geschehen eingreifen. Dieses Manöver finden wir auch in anderen Endspieltypen, man sollte es sich ebenfalls gut merken.

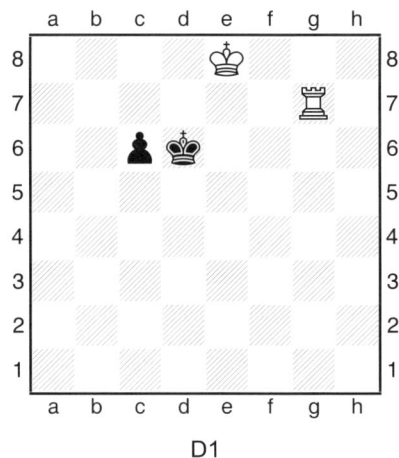

D1

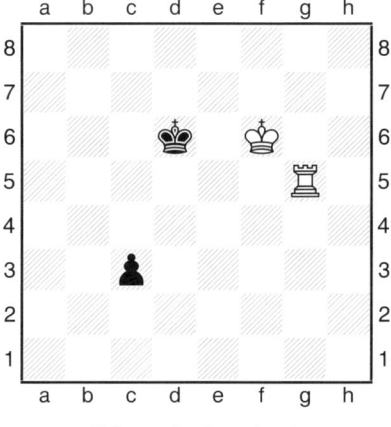

D2 nach 3...c4–c3

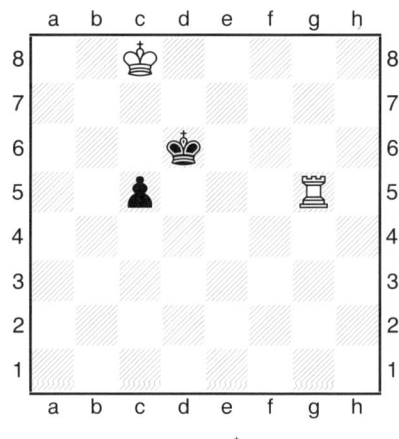

D3 nach 3.♔d8–c8

Die Absperrung funktioniert nur, wenn der König und Bauer noch weit vom Umwandlungsfeld entfernt ist. Das ist in der Stellung von D4 eigentlich gegeben, aber Schwarz machte einen schweren Fehler. Er zog

1...g5−g4 in der Annahme, dass es gleichgültig sei, ob er zuerst König oder Bauer ziehen würde. Er hatte folgende Variante im Sinn: 2.♖c7−c8 * .♔g6−f5

(2...♔g6−g7? 3.♖c8−c4 g4−g3 4.♖c4−g4+) 3.♖c8−g8 ♔f5−f4 und Weiß muss demnächst den Turm opfern.

Aber mit **2.♖c7−c5** (D5) schneidet Weiß den König vom Bauern ab und das gewinnt:

2...g4−g3

[2...♔g6−f6 3.♔a8−b7 und der weiße König greift auf Dauer ein]

3.♖c5−c3 g3−g2 4.♖c3−g3+

(nun steht der Turm günstig hinter dem Freibauern!) und Weiß gewinnt.

Richtig wäre gewesen:

1...♔g6−f5 2.♔a8−b7 g5−g4 (D6) **3.♖c7−g7**

(3.♖c7−c4 reicht jetzt nicht zum Gewinn aus: 3...g4−g3 4.♔b7−c6 g3−g2 Da der Bauer schon vor dem Umwandlungsfeld steht, hat Weiß keine Zeit für einen Zwischenzug und muss auf die Grundreihe, wodurch er notgedrungen die Absperrung aufgibt.

5.♖c4−c1 ♔f5−f4 6.♔c6−d5 ♔f4−f3 7.♔d5−d4 ♔f3−f2 und Remis)

3...♔f5−f4 4.♔b7−c6 g4−g3 5.♔c6−d5 ♔f4−f3 und Remisstellung.

* Im allgemeinen ist es richtig, den Turm hinter die Bauern zu bringen. Der deutsche Weltklassespieler und Schachlehrmeister Dr.Siegbert Tarrasch formulierte die Regel:

"Der Turm gehört hinter die Freibauern, hinter die eigenen ebenso wie hinter die gegnerischen."

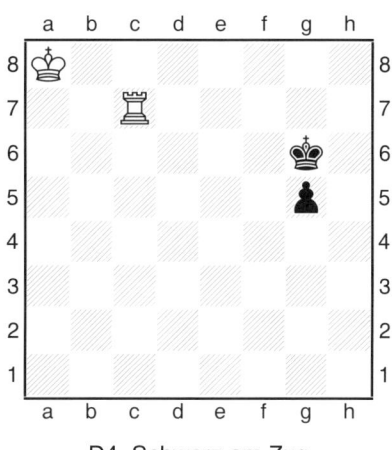

D4 Schwarz am Zug

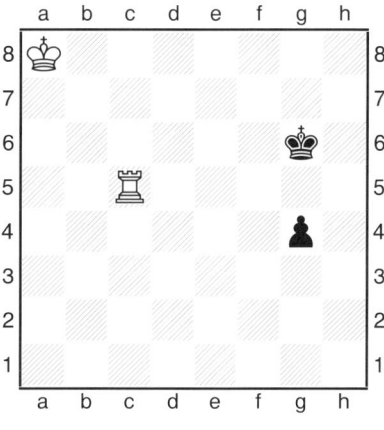

D5 nach 2.♖c7−c5

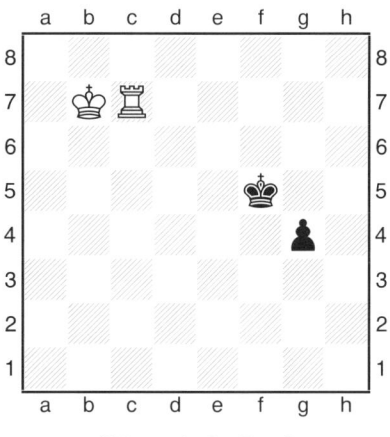

D6 nach 2.g5−g4

65 Offene Linien, das A & O von Taktik und Strategie

Zunächst einmal wollen wir den Begriff "offene Linie" definieren.

Wenn auf einer Linie kein Bauer (eigener oder gegnerischer) steht, nennen wir sie eine "**offene Linie**". (*D1*: d- und e-Linie)

Wenn sich auf einer Linie ein gegnerischer Bauer befindet, aber kein eigener, nennen wir sie eine "**halboffene Linie**" (*D1*: b-Linie für Weiß, c- und h-Linie für Schwarz).

Ein **Sonderfall** ist in *D1* die h-Linie. Zwar befindet sich noch ein weißer Bauer auf ihr, doch steht der Turm vor dem Bauern und für ihn ist zumindest nach vorne die Linie offen.

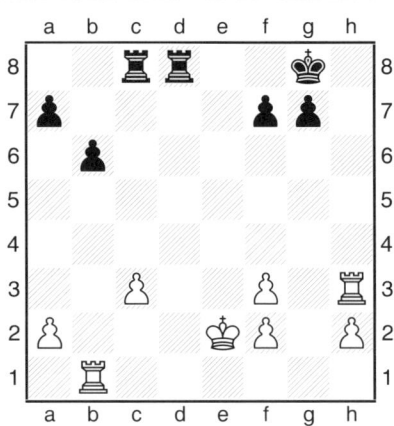

D1 Offene und halboffene Linien

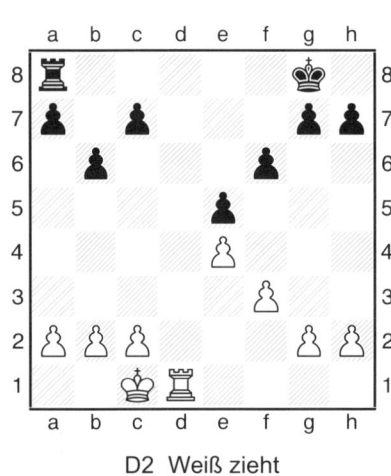

D2 Weiß zieht

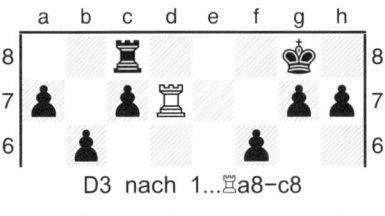

D3 nach 1...♖a8-c8

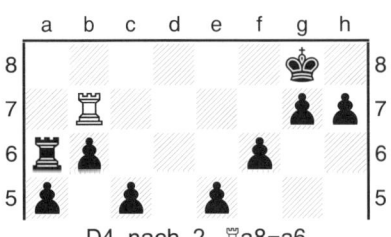

D4 nach 2...♖a8-a6

Während die offene Linie für beide Parteien gleich ist, ergibt sich eine halboffene Linie stets nur aus der Sicht der Partei, die keinen Bauern mehr auf ihr hat.

Was ist nun das besondere an offenen Linien? Darauf gibt uns *D2* eine einleuchtende Antwort. Offene Linien ermöglichen uns, in die gegnerische Stellung einzudringen. Sie sind wie Autobahnen für Schwerfiguren. In unserer Stellung kann Weiß die offene d-Linie spielentscheidend nutzen:

Auf **1.♖d1-d7** ist Schwarz gezwungen, entweder mit **1...♖a8-c8** *(D3)* seinen c-Bauern entweder zu decken oder ihn mit **1...c7-c5** in Sicherheit zu bringen. Im ersten Fall ist der schwarze Turm langfristig an die Deckung des c-Bauern gebunden, im zweiten Fall wird der a-Bauer schutzbedürftig.

Gleichzeitig kontrolliert der weiße Turm die **7.Reihe**. Nach **2.♔c1-d2 a7-a5** kann sich der weiße Turm hinter den Basisbauern b6 setzen, also **3.♖d7-b7** und die einzige Verteidigung **♖a8-a6** *(D4)* führt zu einer völlig passiven Stellung. Sobald der weiße König zur Unterstützung herbeieilt, verliert Schwarz.

Der schwarze König ist dagegen an die Deckung des Bg7 gebunden und kommt nur
bis nach f8. Auch Manöver wie h6 / ♔h7/
♔g6 ändern nichts an der Situation. Weiß
kontrolliert die 7.Reihe und hält Turm und
König in passiver Stellung.

D5 Die Vertreibung von der 7.Reihe

Das ist natürlich ein Idealfall und nicht immer möglich. In *D5* kann Schwarz
durch **1...♔f8-e8** den Eindringling vertreiben und gleich anschließend mit
♖c8-d8 die Kontrolle der d-Linie durch den Weißen neutralisieren.

In *D6* kann Schwarz sich auf der Linie behaupten durch **1...♔f8-e7.**

Es könnte der Totalabtausch **2.♖d2xd8
3.♖d1xd8 ♖a8xd8** [3.♖d1-c1? ♖d8-d2
würde Weiß in die schon bekannte passive
Stellung bringen] **3...♔e7xd8** folgen.

Weiß könnte den Abtausch auch verzögern
mit **2.♔g1-f2 ♖d8xd2+ 3.♖d1xd2 ♖a8-d8**
Das Ausweichen **4.♖d2-e2** würde den
Schwarzen auf die Grundreihe lassen, von
wo er aus die weißen Bauern angreifen
könnte. In dieser Stellung wäre das vermutlich nicht so schlimm, weil Weiß alle Bauern
verteidigen kann, jedoch hätte Schwarz die
Initiative und Weiß würde ein unnötiges Risiko eingehen, zumal ihm die entstandene
Stellung keine Gewinnaussicht bieten kann.

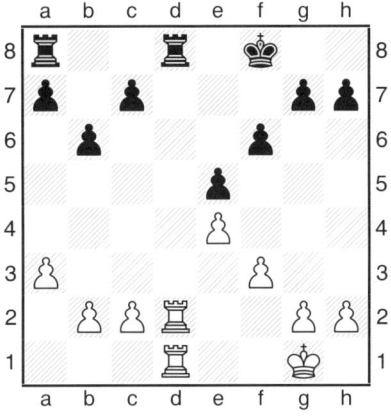

D6 Schwarz zieht

Die Alternative wäre die Remisschaukel
4...♖d8-d1 5.♖e2-e1 ♖d1-d2+ 6.♖e1-e2
usw. Weiß kann also diese Abwicklung nur
wählen, wenn er mit Remis zufrieden ist.

D7 Remisschaukel nach 6.♖e1-e2

Eine interessante Fortsetzung wäre die
"Vorpostenbildung" **2.♖d2-d5** *(D8),* die hier
allerdings mit Vorsicht zu genießen ist:

2...♖d8xd5 3.e4xd5

(3.♖d1xd5 ♖a8-d8 4.c2-c4 bleibt auf Re-
misbreite)

3...♖a8-d8 Nun ist der Bauer gefesselt und
Weiß wird in die Defensive gedrängt:

4.c2-c4 c7-c6 5.♔g1-f2 c6xd5 6.c4xd5
und mit ♖d8-c8 kann der Turm auf die neue

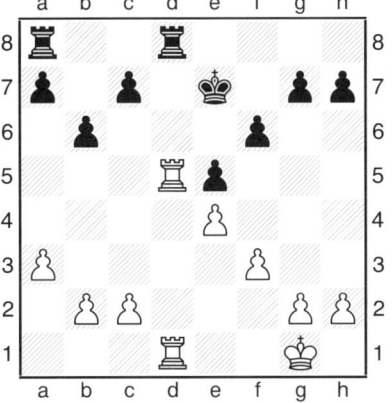

D8 nach 2.♖d2-d5

offene Linie wechseln. 7.♖d1–d2 ♔e7–d6 mit gutem Spiel für Schwarz.

Erfolgreicher ist die Vorpostenbildung in *D9*.

Mit **1.♖h1xh8** ♖a8xh8 würde Weiß die h-Linie aufgeben, was zwar nach 2.♘e2–c3 oder 2.♔c1–d2 Schwarz nur geringen Vorteil gibt, aber Weiß hätte sich damit in die Verteidigung drängen lassen.

1.♖h1–h7! dagegen gibt Weiß starkes Spiel:

1...♖h8xh7

[Auf andere Züge folgt 2.♖d1–h1 ♖h8–g8 3.♘e2–f4 ♖a8–e8 4.♘f4–h5 *(D10)*

Das naheliegende **4...♔e7–f8?** ist gleich ein doppelter Hinsicht schwach:

A) 5.♘h5xf6 (Dreifachgabel) g7xf6?? 6.♖h7–f7# Das "Epaulettenmatt"; oder

B) 5.♘h5xg7 ♖g8xg7 6.♖h7xg7 ♔f8xg7 7.♖h1–h7+ ♔g7–g8 8.♖h7xd7 usw.

Die Alternative **4...♔e7–d8** 5.♘h5xg7 ist weniger drastisch, aber Weiß gewinnt ebenfalls]

2.g6xh7 ♖a8–h8 3.♖d1–h1 *(D11)* **♗d7–e8 4.♘e2–f4** z.B. **a7–a5 5.♘f4–g6+ ♗e8xg6 6.f5xg6** und der gedeckte Freibauer h7 bindet den Turm in einer äußerst passiven Stellung auf h8.

Das Eindringen auf der offenen Linie allein führt oft nicht zum Erfolg, aber die taktischen Probleme, die dem Gegner daraus erwachsen, können sehr belastend für ihn sein.

Im vorhergehenden Beispiel *(D8, letzte Variante)* hat Weiß die Linie zwar wieder geschlossen, aber Schwarz konnte auf die nun offene Nachbarlinie wechseln.

In *D10* ist ebenfalls die Linie wieder geschlossen, aber dafür die schwarze Stellung stark eingeengt und Turm und (bedingt) König in passiver Stellung

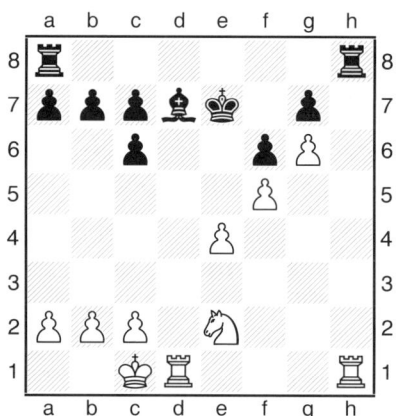

D9 Nimzowitsch - NN, Weiß zieht

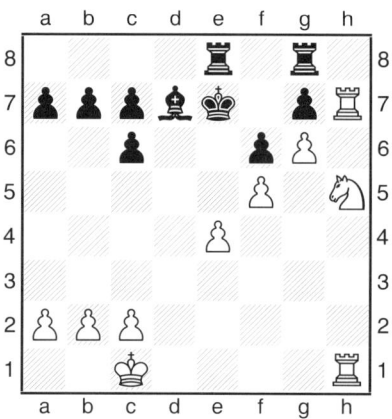

D10 nach 4.♘f4–h5 (Analyse)

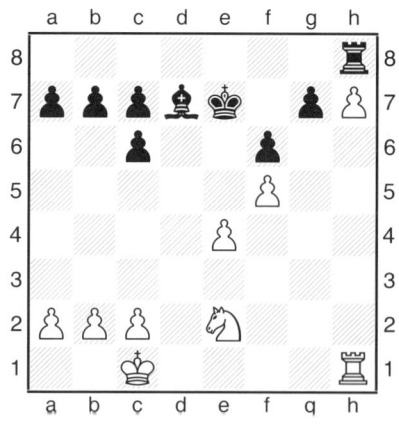

D10 nach 3.♖d1–h1

Wie entstehen eigentlich offene Linien?

Nun, zunächst einmal als Folge von Bauernabtausch in der Eröffnung. In den verschiedenartigen Eröffnungstypen und Varianten können so auch verschiedene offene Linien entstehen.

In der Französisch Abtauschvariante ist nach **1.e2–e4 e7–e6 2.d2–d4 d7–d5 3.e4xd5 e6xd5** *(D12)* eine Stellung mit einer offenen Linie entstanden, auf welcher die Schwerfiguren abgetauscht werden können und die Partie bei beiderseitig normaler Entwicklung oft im Remis versandet. Mit **4.c2–c4** könnte Weiß hier ein Ungleichgewicht schaffen, das der Remistendenz der Stellung entgegenwirkt.

Im Damengambit nach **1.d2–d4 d7–d5 2.c2–c4 e7–e6 3.c4xd5 e6xd5** ist dagegen eine Stellung entstanden, in der jede Seite nur eine halboffene Linie besitzt, was einen frühzeitigen Abtausch der Türme sehr unwahrscheinlich macht.

Die Entstehung von Doppelbauern führt stets zu halboffenen (oder sogar offenen) Linien. Wir haben dies schon im Kapitel "Doppelbauern - oft besser als ihr Ruf" gesehen.

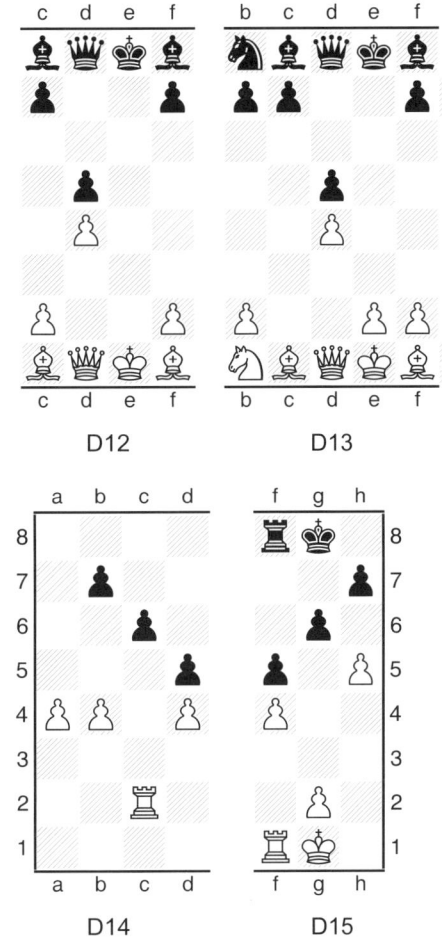

D12   D13

D14   D15

Natürlich bewirken auch bestimmte Spielsituationen und Techniken die Bildung von Doppelbauern. In *D14* zersplittert der Vorstoß **1.b4–b5** die schwarze Bauernstellung und macht so jeden einzelnen der Bauern angreifbarer und sichert dazu dem Turm die offene c-Linie zum Eindringen in die Stellung. **1...c6xb5 2.a4xb5** [unter Umständen auch *2.a4–a5*, um eventuelles 2...b7–b6 zu verhindern und forciert zu 3.♖c2–c5 zu kommen] und die weißen Ziele sind erreicht. Diese Form des Angriffs ist auch gegen eine Bauernmehrheit des Gegners möglich, selbst wenn dies mit einem vorübergehenden Bauernverlust verbunden ist. Man nennt dies **Minderheitsangriff** oder **Minoritätsangriff**.

In *D15* schließlich erzwingt der weiße Vorstoß des h-Bauern eine Linienöffnung. Gleich ob Schwarz **1...g6xh5** zieht oder sich nicht um den Eindringling kümmert und Weiß zu **2.h5xg6 h7xg6** kommen lässt, stets entsteht zumindest eine halboffene Linie.

Beim Angriff auf die Rochadestellung wie in *D15* begünstigen offene Linien meist den Angreifer. In vielen taktischen Stellungen ist der Gewinn mit einer Linienöffnung verbunden. Dies meint sowohl halboffene als auch offene Linien. Besonders die offene h- / a-Linie bietet den Schwerfiguren des Angreifers gute Aufmarschmöglichkeiten.

Der Angreifer sollte also meistens bemüht sein, (zusätzliche) Linien zu öffnen, der Verteidiger sollte die Stellung meistens geschlossen halten.

Stets sollte man die Möglichkeit nutzen, dem Gegner offene Linien zu verwehren. In *D16* kontrolliert der Läufer das Feld c8 mit der fatalen Konsequenz für Schwarz, dass er dem ♖c1 keinen Turm entgegensetzen kann und somit

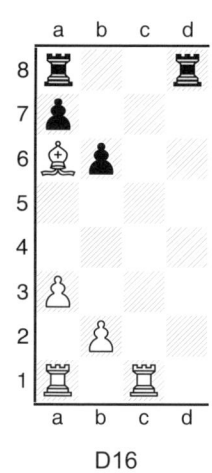

D16

das Eindringen auf c7, eine Verdoppelung der Türme auf der c-Linie und vielleicht sogar ihre Verdopplung auf der 7.Reihe hinnehmen muss. Dies dürfte wieder eine spielentscheidende Situation sein, in der die Kontrolle einer offenen Linie ausschlaggebend für Erfolg oder Misserfolg ist.

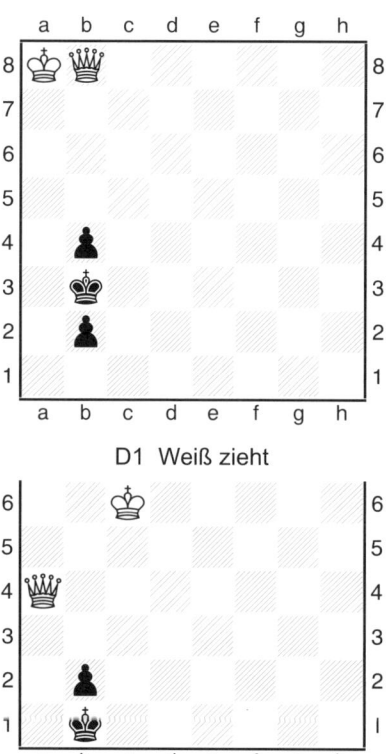

D1 Weiß zieht

66 Duell Dame gegen Bauern

Bei entferntem König hält der c- oder f-Bauer gegen die Dame Remis. Ob die beiden weit vorgerückten b-Bauern das auch können?

1.♕b8-g8+ ♔b3-a3 2.♕g8-g6 ♔a3-a2
3.♕g6-c2 b4-b3 4.♕c2-d2 ♔a2-a1
5.♕d2-a5+ ♔a1-b1 6.♕a5-b4 ♔b1-c1
[6...♔b1-a1 7.♕b4-a4+ ♔a1-b1
8.♕a4xb3 und gewinnt]
7.♕b4-c3+ ♔c1-b1 8.♕c3xb3 ♔b1-c1
9.♕b3-c3+ ♔c1-b1 10.♔a8-b7 ♔b1-a2
11.♕c3-c4+ ♔a2-a3 12.♕c4-c2 ♔a3-a2
13.♕c2-a4+ ♔a2-b1 14.♔b7-c6 (*D2*)

und so geht das munter weiter. Und wenn auch der Weg bis zum Matt noch viele Züge dauert, ist es dennoch unausweichlich.

Der Leser sollte den weiteren Verlauf selber einmal ausprobieren.

Studie von Bekey, verbessert von Grigoriev

67 Ärger im Doppelpack auf der 7.(2.) Reihe

Wir wollen uns einmal die Möglichkeiten ansehen, die bei einer Verdoppelung der Türme auf der 7.(2.)Reihe drohen oder passie-
ren können.

D1 Weiß zieht und setzt Matt

(D1) Wenn der König kein Fluchtfeld hat
(hier vom ♖f8 verstellt) ist die Partie schnell
vorbei:

**1.♖d7–g7+ ♔g8–h8 2.♖g7–h7+ ♔h8–g8
3.♖c7–g7#**

(D2) Der König kann hier nicht gleich Matt
gesetzt werden. Weiß kann Remis erzwingen und u.U. auch Matt setzen:

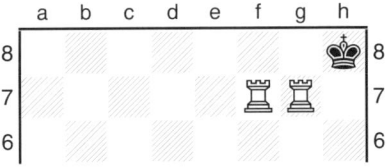

D2 Weiß zieht, Remis oder mehr

1.♖g7–h7+ ♔g8–g8 2.♖f7–g7+

[2.♖h7–g7+ Kg8–h8 3.♖g7–h7+ usw. erzwingt Remis durch Dauerschach]

2...♔g8–f8 3.♖g7–a7 ♔f8–g8 4.♖h7–b7

und, falls Schwarz nichts zwischen ziehen
kann, folgt **5.♖a7/b7–a8#**

Wenn ein Stein die Türme unterstützt, kann
aus der Remisstellung schnell ein Matt werden. Hier ist es der Bauer, der das Feld g7
deckt, es könnte aber auch eine Leichtfigur
oder sogar der weiße König (z.B. auf f6)
sein, der diese Schützenhilfe leistet *(D3)*

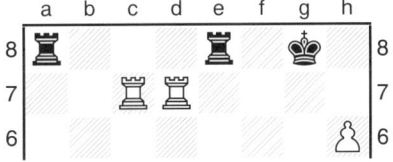

D3 Weiß zieht und setzt Matt

**1.♖d7–g7+ ♔g8–h8 2.♖g7–h7+ ♔h8–g8
3.♖c7–g7+ ♔g8–f8** Der Turm ist nun gedeckt und das ermöglicht **4.♖h7–h8#**

Wenn die Dame oder eine andere wichtige
Figur auf der Grundreihe steht, haben die
beiden Türme eine andere technische Möglichkeit, entscheidenden Vorteil zu erringen:

D4 Weiß zieht

(D4) **1.♖e7–g7+ ♔g8–h8**

[oder 1...♔g8–f8 2.♖d7–f7+ ♔f8–e8 3.♖g7–g8+ ♔e8xf7]

D5 nach 3.♖d7–g7+

2.♖g7–h7+ ♔h8–g8 3.♖d7–g7+ *(D5)* **♔g8–f8** und nun opfert Weiß einen
seiner Türme, um einen Spieß auf der Grundreihe anzuwenden:

4.♖h7–h8+ ♔f8xg7 und **5.♖h8xc8** erobert die Dame.

Außer Matt oder Remis gibt es noch eine weitere lukrative Möglichkeit,
nämlich die "**Zwickmühle**", die wir uns im nächsten Abschnitt ansehen

68 Im Griff der Zwickmühle

Die weißen Türme sind auf die "dicht besiedelte" 7.Reihe vorgedrungen. Der schwarze König hat drei Felder zur Verfügung, kann also nicht ohne weiteres Matt gesetzt werden, aber er wird das Opfer einer Zwickmühle:

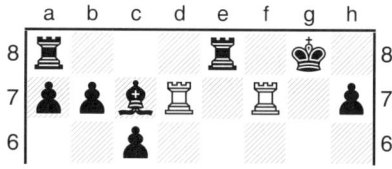

D1 Weiß zieht – Zwickmühle

1.♖f7–g7+ ♔g8–h8

[1...♔g8–f8?? 2.♖d7–f7#]

2.♖g7xh7+ ♔h8–g8 3.♖d7–g7+ (D2) ♔g8–f8 4.♖g7xc7 (D3)

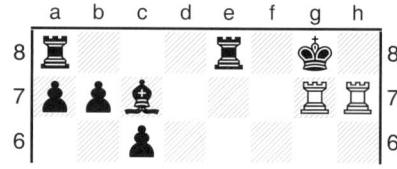

D2 nach 3.♖d7–g7+

Der König muss nun nach g8 ziehen, sonst folgt Matt.

4...♔f8–g8 5.♖c7–g7+

Das Spiel beginnt von neuem, Schwarz hat keine Chance, sich aus der Mühle zu befreien.

D3 nach 4.♖g7xc7

5...♔g8–f8 6.♖g7xb7 ♔f8–g8 7.♖b7–g7+ ♔g8–f8 8.♖g7xa7 ♔f8–g8 9.♖a7–g7+ ♔g8–f8 10.♖g7–c7

Die 7.Reihe ist abgegrast, aber in manchen Fällen kann noch ein lukratives Opfer auf einer anderen Reihe mit dem Abzug angegriffen werden oder wie hier zumindest ein Bauer erobert werden.

D4 Weiß zieht - Zwickmühle mit L

10...♔f8–g8 11.♖h7–h6 und Weiß hat reichlich Material gewonnen.

D4 Statt eines zweiten Turmes ist auch der Läufer ein guter Partner für den "Zwickmüller". Der schwarze König kann nur zähneknirschend auf g8 und h8 hin und her pendeln, während der Turm den Laden ausräumt:

D5 nach 1.♖f7–g7+

1.♖f7–g7+ (D5) ♔g8–h8 2.♖g7xc7+ ♔h8–g8 3.♖c7–g7+ ♔g8–h8 4.♖g7xb7+ ♔h8–g8 5.♖b7–g7+ ♔g8–h8 6.♖g7–c7+

Zum Schluss wird ein Ziel außerhalb der 7.Reihe angegriffen. **6...♔h8–g8 7.♖c7xc5** usw.

Auf der nächsten Seite sehen wir Beispiele für komplizierte Zwickmühlen.

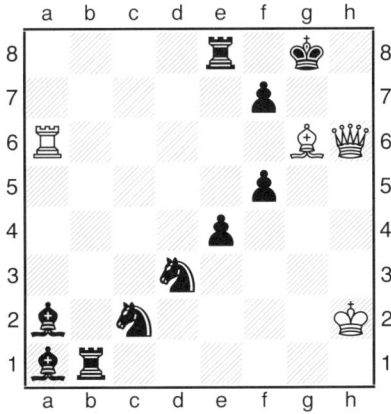

D6 Nimzowitschs Zwickmühle

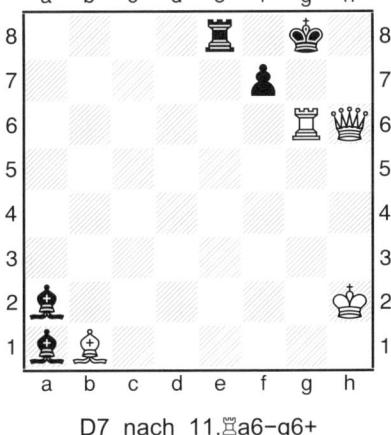

D7 nach 11.Ta6–g6+

Den Begriff **"Zwickmühle"** führte Nimzo-witsch in die Schachterminologie ein und konstruierte dieses Beispiel *(D6)*, bei dem Dame und Läufer eine Zwickmühle bilden.

1.♗g6–h7+ ♔g8–h8

Der König kann nur auf h8 und g8 pendeln, die Dame hält ihn eingesperrt.

2.♗h7xf5+ ♔h8–g8 3.♗f5–h7+ ♔g8–h8

und der Läufer arbeitet sich immer weiter nach unten vor:

4.♗h7xe4+ ♔h8–g8 5.♗e4–h7+ ♔g8–h8
6.♗h7xd3+ ♔h8–g8 7.♗d3–h7+ ♔g8–h8
8.♗h7xc2+ ♔h8–g8 9.♗c2–h7+ ♔g8–h8
10.♗h7xb1+ ♔h8–g8 11.Ta6–g6+ *(D7)*

Der Läufer hat die Diagonale abgeräumt und nun geht es zum Mattangriff; Schluss mit lustig!

11...f7xg6 12.♗b1xa2+ Te8–e6 und
13.♗a2xe6#

Trotz der scheinbar komplizierten Stellung und der langen Variante ein ganz einfacher Mechanismus.

In unserer nächsten Stellung *(D8)* erreicht Schwarz eine Zwickmühle mit einem Sprin-ger als Hauptfigur, was wesentlich seltener vorkommt als mit Turm oder Läufer.

Ein Damenopfer schiebt die Mühle an:

1...Df2–g1+ 2.Kh1xg1 Le7–c5+

3.Kg1–h1 Sg4–f2+ und nun geht's los!

4.Kh1–g1 Sf2xe4+

[4...Sf2xd1+ ist etwas schwächer, wie wir in der Textvariante sehen werden]

5.Kg1–h1 Se4–f2+ 6.Kh1–g1 Sf2xd1+
7.Kg1–h1 Sd1xb2

und das hat gut was gebracht!

So eine Zwickmühle ist doch eine feine Sa-che, egal mit welchen Figuren auch immer!

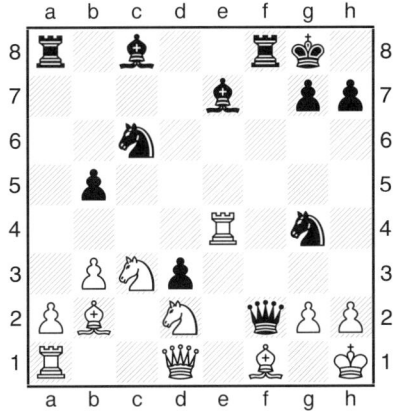

D8 Schwarz zieht

69 Wenn zwei das gleiche tun ...

Beide Freibauern werden sich erfolgreich umwandeln und normalerweise ist dann das Endspiel König + Dame gegen König + Dame Remis.

Zwei Ausnahmen gibt es:

Wenn der König einer Partie so schlecht steht, dass er kurzfristig **Matt gesetzt** werden kann.

Oder wenn ein König in einer Reihe oder Diagonalen mit seiner frischgebackenen Dame steht, dass er *aufgespießt* werden kann. Das ist in unserer Stellung der Fall:

1...b3−b2 2.h6−h7 b2−b1♕ 3.h7−h8♕ ♕b1−a1+ und Schwarz gewinnt.

D3 entspricht dem zuerst genannten Ausnahmefall: **1.c7−c8♕ a2−a1♕ 2.♕c8−c2#**

D4 ist ähnlich (auch mit Kd3 folgt Matt): **1.c7−c8♕ a2−a1♕ 2.♕c8−c2#**

D5 zeigt eine besonders tückische Stellung: **1.b7−b8♕ a2−a1♕** und mit **2.♕b8−h2!**

(D6) entscheidet Weiß die Partie, denn auf jeden beliebigen schwarzen Damenzug folgt Matt (oder natürlich Damenverlust), ob auf b7 oder auf der Grundreihe!

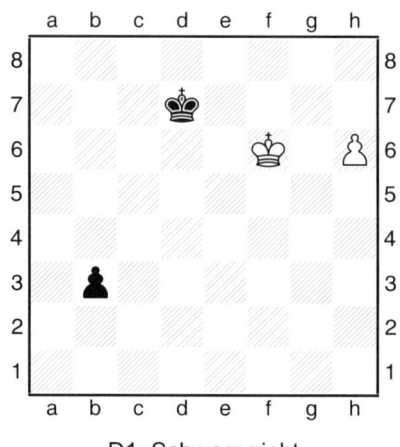

D1 Schwarz zieht

D2 nach 3...♕b1−a1+ Aufgespießt!

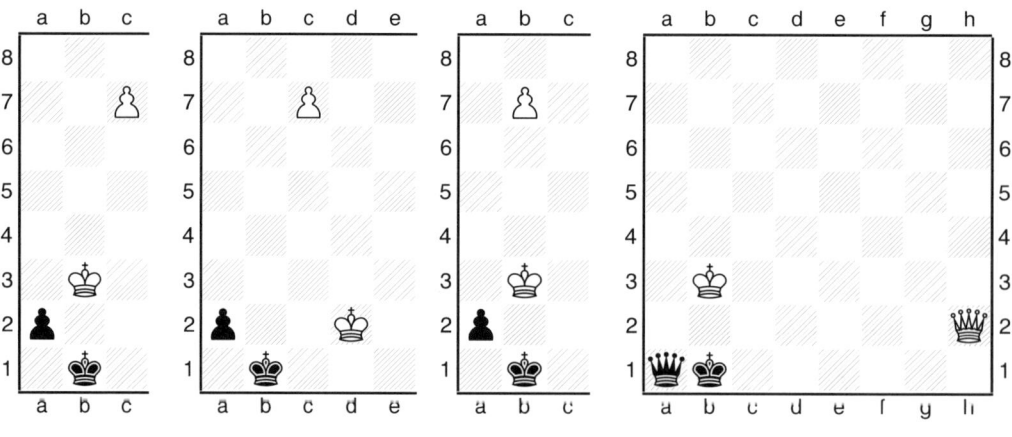

D3 Weiß zieht   D4 Weiß zieht   D5 Weiß zieht und erreicht in D6 Gewinnstellung

70 Opposition ist alles!

Der naheliegende, scheinbar sichere Zug *1...♚a7–a6* ist ein schwerer Fehler, der umgehend verliert. Der Durchbruch 2.a3–a4! *(D2)* ist eine böse Überraschung für Schwarz. Es ist gleich, welchen Bauern er schlägt:

2...b5xa4 3.b4–b5+ *(D3)* ♚a6–a7 4.♚c6–c7 a4–a3 5.b5–b6+ ♚a7–a6 6.b6–b7 a3–a2 7.b7–b8D a2–a1D 8.Db8–b6#]

2...a5xb4 3.a4xb5+ *(D4)* ist nur eine Variation des gleichen Themas:

3...♚a6–a5 4.b5–b6 b4–b3 5.b6–b7 b3–b2 6.b7–b8D und gewinnt.

Richtig ist **1...a5xb4** Dass Schwarz damit den Bb5 aufgibt spielt keine Rolle, denn er kann immer eine theoretische Remisstellung erreichen:

2.a3xb4 ♚a7–a6

[2...♚a7–b8 *(D5)*

A) 3.♚c6–b6 ♚b8–a8/c8 und Weiß kommt nicht weiter) ;

B) 3.♚c6xb5 ♚b8–b7 und Remis;

oder 2...♚a7–a8 3.♚c6xb5 ♚a8–b7 und theoretische Remisstellung]

3.♚c6–c5 *(D6)* ♚a6–a7

[3...♚a6–b7?? 4.♚c5xb5]

4.♚c5xb5 ♚a7–b7

und Remisstellung. Dieses Beispiel macht klar, wie wichtig die Opposition für Bauernendspiele wirklich ist. Sie kann durchaus einen Bauern aufwiegen.

Man muss die Opposition bei jedem Zug sorgfältig beachten, sonst kann eine aussichtsreiche Stellung noch im letzten Moment verdorben werden.

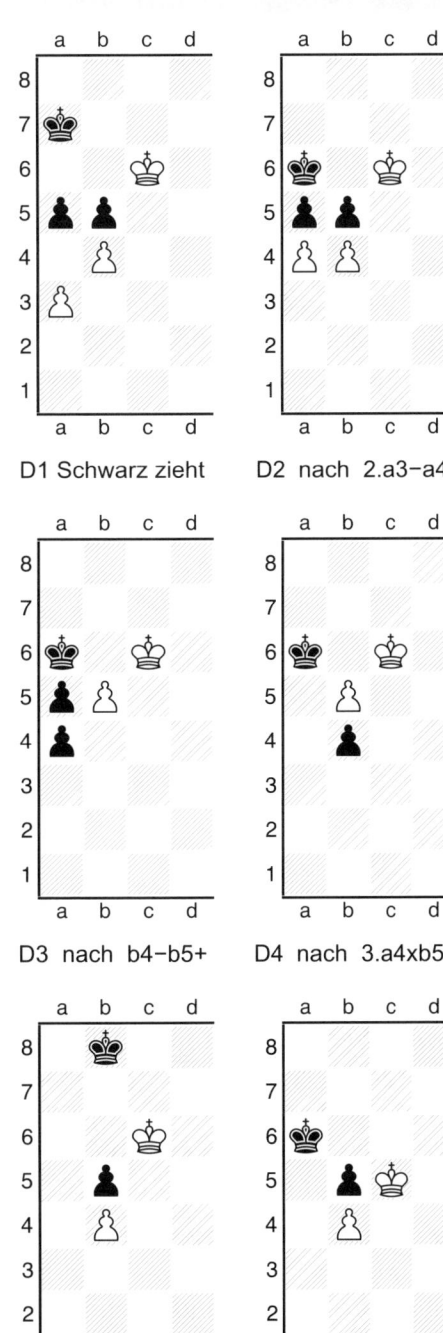

D1 Schwarz zieht   D2 nach 2.a3–a4!

D3 nach b4–b5+   D4 nach 3.a4xb5+

D5 n. 2...♚a7–b8   D6 nach 3.♚c6–c5

71 Die goldene Brücke

Man könnte die Ausgangsstellung für Remis halten. Zwar ist der Freibauer weit vorgedrungen, aber nun steht ihm sein König im Weg. Nach **1.♖f1–g1+ ♔g7–h7** kann der König zwar das Umwandlungsfeld verlassen, wird dann aber sofort mit Schachgeboten eingedeckt.

Aber schon **1497** fand der Spanier **Lucena** den Gewinnweg für diese Stellung, das sogenannte "**Brückenbau–Manöver**":

2.♖g1–g4 *(D2)* Es muss genau dieses Feld sein und kein anderes, denn auf **2.♖g1–g5**

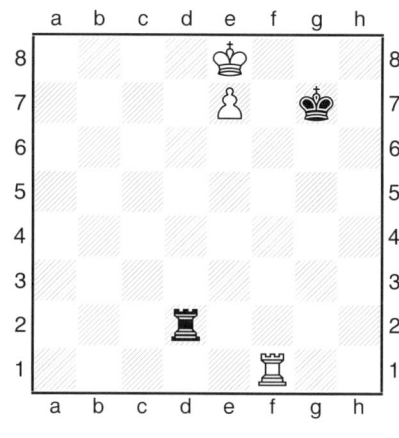

D1 Lucena Stellung

D2 nach 2.♖g1–g4

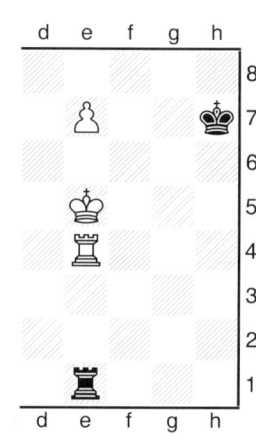

D3 nach 4...♖f1–e1+

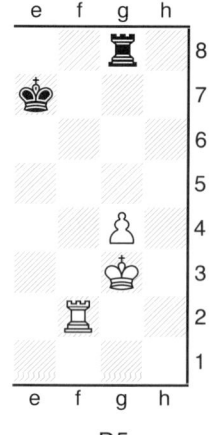

D4 Mission gelungen!

folgt ♔h7–h6; und auf **2.♖g1–g3** funktioniert unser Gewinnweg nicht, wie wir bald sehen werden.

2...♖d2–d1 3.♔e8–f7 ♖d1–f1+ 4.♔f7–e6 ♖f1–e1+ *(D3)* **5.♔e6–f6** [oder 5.♔e6–d6] **5...♖e1–f1+ 6.♔f6–e5** und der Gewinnweg wird ersichtlich: **6...♖f1–e1+ 7.♖g4–e4** *(D4)* und der Brückenbau ist abgeschlossen.

Der Brückenbau funktioniert auch, wenn der Bauer noch nicht auf der vorletzten Reihe steht. Allerdings muss er weit genug vorgedrungen sein *(D5)* .

1.♔g3–h4 ♖g8–h8+ 2.♔h4–g5 ♖h8–g8+ 3.♔g5–h5 ♖g8–h8+ 4.♔h5–g6 ♖h8–g8+ usw. Nur ein Feld weiter und Weiß würde es schaffen! So bleibt es beim Remis.

D5

112

72 Die eigene Figur eingeengt

1.d2–d4 ♘g8–f6 2.♗c1–g5 Die in jüngerer Zeit beliebt gewordene Trompovsky-Eröffnung, die sich in älteren Schachbüchern nicht einmal ansatzweise findet.

2...♘f6–e4 3.♗g5–h4 d7–d6 4.♘g1–f3 ♘b8–d7 5.c2–c4 c7–c6 6.e2–e3 ♘d7–f6 *(D1)*

Normale Fortsetzungen wären nun ♘b1–d2 oder ♗f1–d3, um den Springer zu vertreiben.

7.g2–g3

Weiß entschloss sich jedoch plötzlich zu einem Fianchetto, wobei man sich fragt, was das eigentlich sollte.

g2–g3 schafft schwache Felder in der Rochadestellung (f3/h3) und auf g2 ist der Läufer weniger wirksam als z.B. auf d3, wo er die schwarze Rochadestellung angreift und zudem weiter auf dem Damenflügel wirkt.

Weiß vergaß zudem völlig, dass er damit seinem Läufer das Rückzugsfeld g3 nimmt. Hätte er doch wenigstens zuerst mit

7.♗h4xf6 ♘e4xf6 abgetauscht!

So aber hat Schwarz eine böse Überraschung zur Hand:

7...g7–g5 *(D2)* **8.♗h4xg5 ♘e4xg5 9.♘f3xg5 ♕d8–a5+** *(D3)*

und der Springer ist durch diesen Doppelangriff verloren.

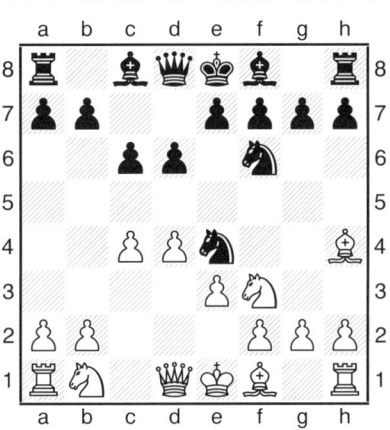

D1 nach 6...♘d7–f6

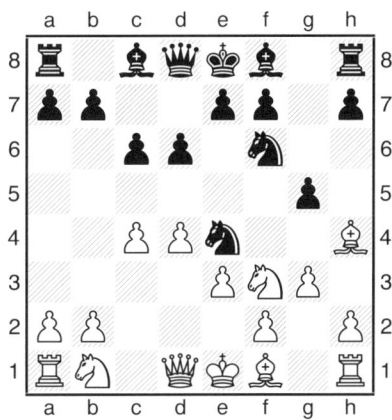

D2 nach 7...g7–g5

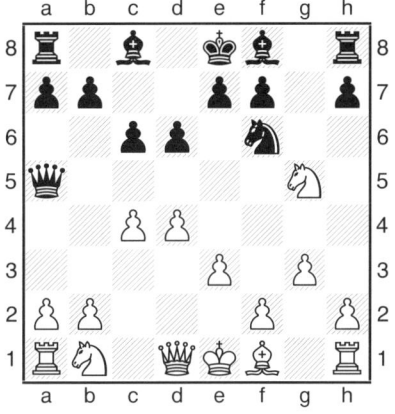

D3 nach 9...♕d8–a5+

73 Der Brückenkopf auf der offenen Linie

In dieser Stellung ist der naheliegende Zug **1.♖a1−c1**, um die offene c−Linie zu besetzen. Schwarz wird mit **1...♖f8−c8** dagegenhalten. Statt früher oder später einen großen Abtausch auf der offenen Linie vorzunehmen, kann Weiß mit **2. ♖c1−c5** *(D2)* einen starken Vorposten schaffen.

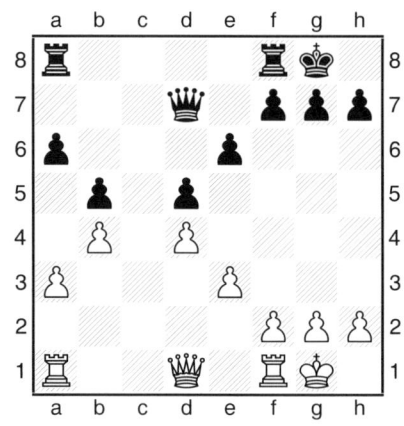

D1 Weiß zieht

Tauscht nun Schwarz **2...♖c8xc5** entsteht nach **3.b4xc5** ein gedeckter Freibauer, auf den Schwarz ständig aufpassen muss.

Wenn Schwarz mit **2...♖a8−a7** oder Ta7−c7 zur Verdoppelung ansetzt, kann Weiß mit 3.♕d1−c2 ♖a7−c7 4. ♖f1−c1 ♖c7xc5 erzwingen und mit 5.b4/d4xc5 *(D3)* einen Freibauern schaffen. Schwarz muss tauschen, weil sein Gegner sonst sogar tripplieren könnte, was Schwarz nicht mitmachen kann. Dies ist übrigens ein Beispiel dafür, wie Raumvorteil einer Partie mehr Manövrierraum einräumt und daher taktische Möglichkeiten schafft, die dem Gegner nicht zur Verfügung stehen. Weiß steht leicht besser und hat die Initiative.

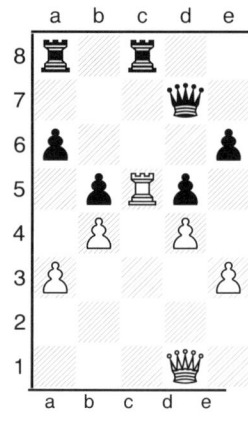

D2

In diese schematischen Darstellung ist der weiße Vorteil durch den Vorposten nicht so groß, aber in Stellungen mit mehr Ungleichgewichten und besonders mit Leichtfiguren kann es die Entscheidung sein.

Ein Läufer und besonders ein Springer sind als Vorpostenfiguren lästig für den Gegner. Der Turm aber ist für diese Art der Vorpostenbildung ganz besonders geeignet, weil er sowohl jederzeit droht, auf die 7./8. (1./2.) Reihe vorzustoßen als auch benachbarte Bauern bedrohen kann.

In *D3* kann Weiß versuchen, mit a3−a4 oder e3−e4 weitere Linien zu öffnen. Schwarz wird vermutlich mit ♕d7−c6 den Bauern blockieren, damit er nicht vorrücken und das Feld c5 für die Dame freimachen kann. Zudem deckt die Dame von dort alle ihre Bauern auf den weißen Feldern.

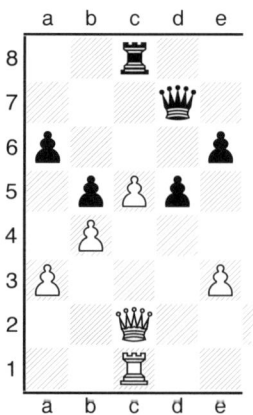

D3 nach 5. d4xc5

74 Patzer sieht Schach, gibt Schach ...

und manchmal ist das sogar genau richtig!

Wie in unserem Turmendspiel mit der Absperrung ist auch hier der weiße König zu weit entfernt, um kurzfristig eingreifen zu können. Aber mit der richtigen Fortsetzung kommt er doch noch zum Einsatz:

1.♖c1–d1+ Das Schach ist hier kein Verlegenheitszug, sondern bewirkt eine Verbesserung der Turmposition, die den Unterschied zwischen Remis oder Sieg ausmacht.

[*1.♔g8–f7?* Hinterher zu laufen wird dem Weißen nichts nützen:

1...e5–e4 2.♔f7–e6 e4–e3 3.♔e6–f5
e3–e2 4.♔f5–f4 ♔d4–d3 5.♔f4–f3
♔d3–d2 und Weiß muss den Turm für den Freibauern opfern, Remis]

1...♔d4–c3

[1...♔d4–e3 macht keinen Unterschied:
2.♖d1–e1+ ♔e3–f4 3.♔g8–f7 e5–e4
4.♔f7–e6 e4–e3 5.♔e6–d5 ♔f4–f3
6.♔d5–d4 e3–e2 7.♔d4–d3 und Weiß erobert den Bauern]

2.♖d1–e1 ♔c3–d4 Wir sind wieder bei der Ausgangsstellung angelangt, abgesehen davon, dass der Turm nun besser postiert ist und Weiß somit ein wichtiges Tempo gewonnen hat.

3.♔g8–f7 e5–e4 4.♔f7–e6

e4–e3 5.♔e6–f5 *(D2)* Da Schwarz Bauer und König vorziehen muss, kommt der weiße König schnell näher.

5...♔d4–d3 6.♔f5–f4 e3–e2 7.♔f4–f3
(D3) und Weiß gewinnt Bauer und Partie.

Dieses Manöver und das damit verbundene Umlaufen des gegnerischen Königs sind wichtige Techniken für das Turmendspiel, die man sich unbedingt merken sollte.

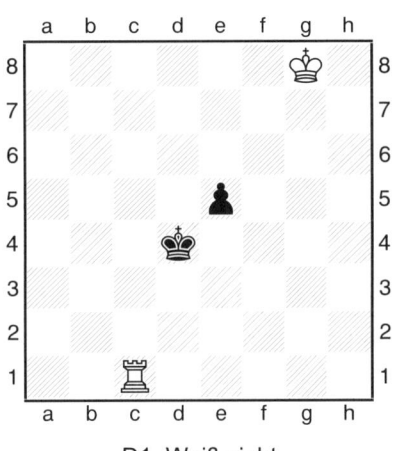

D1 Weiß zieht

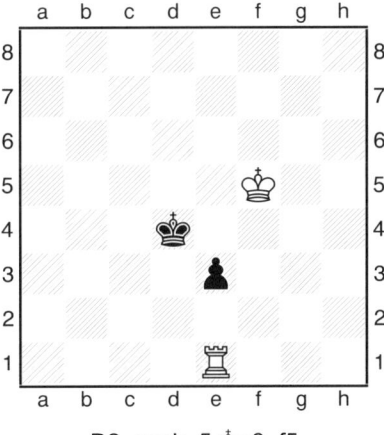

D2 nach 5.♔e6–f5

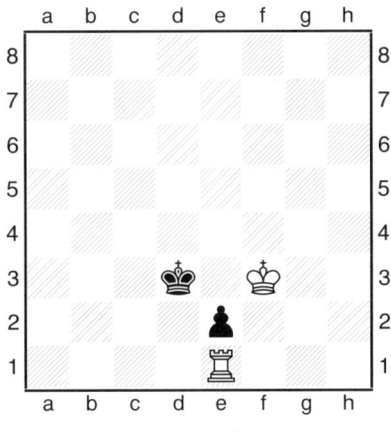

D3 nach 7.♔f4–f3

75 Gefahr auf der Grundreihe

Jeder Schachfreund, der schon eine Weile gespielt hat, kann ein Lied davon singen:

Man greift munter an, spielt munter auf und dann, Peng! Aus! Der Gegner hat die nicht oder nur unzureichend gedeckte Grundreihe genutzt und Matt gesetzt!

Unser schematisches Beispiel zeigt eine typische Grundreihen-Situation:

Schwarz droht ♕e5-e1+ 2.♖d1xe1 ♖e8xe1#, aber Weiß am Zug kommt ihm mit **1.♕d4xe5 ♖e8xe5 2.♖d1-d8+ ♖e5-e8 3.♖d8xe8#** zuvor.

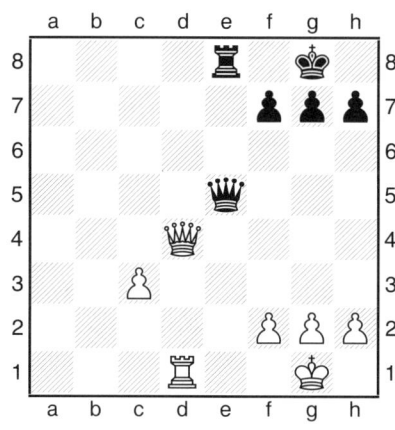

D1 Weiß zieht

In *D2* erkennt Weiß die Schwäche der Grundreihe und opfert: **1.♕f3xa8 ♖e8xa8 2.♖d7-d8+ ♖a8xd8 3.♖d1xd8#**

Die Einwirkung entfernter Figuren wie hier der Dame wird gerne übersehen. Solche Pannen findet man natürlich eher bei schwachen Spielern als etwa bei starken Klubspielern oder gar Meistern, wenn auch in diesen illustren Kreisen ab und zu der menschliche Faktor zuschlägt.

Grundreihenkombinationen können aber auch sehr kompliziert und geistreich und entsprechend schwer zu sehen sein. Die Motive Weglenkung und Überlastung spielen oft eine große Rolle.

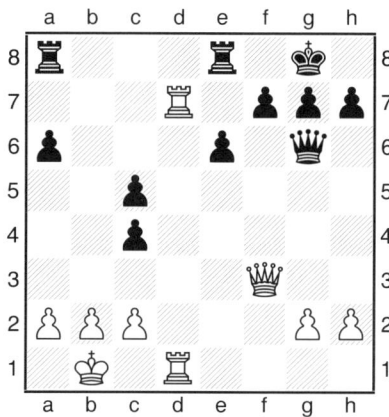

D2 Weiß zieht

In *D3* gewinnt Schwarz durch **1...♕f5-c2**

2.♕d2xc2 scheitert an ♖e6-e1+ 3.♖c1xe1 ♖e8xe1#

2.♕d2-f4 o. dgl. akzeptiert sofort das Matt: 2...♖e6-e1+ (Wer eine sadistische Ader in sich spürt, kann den Gegner aber auch mit 2...♕c2xc1+ 3.♕f4xc1 ♖e6-e1+ 4.♕c1xe1 ♖e8xe1# noch ein bisschen länger quälen) 3.♖c1xe1 ♖e8xe1#;

2.♕d2-d1 ♕c2xc1 (oder 2...♕c2xd1+ 3.♖c1xd1 ♖e6-e1+ 4.♖d1xe1 ♖e8xe1#)

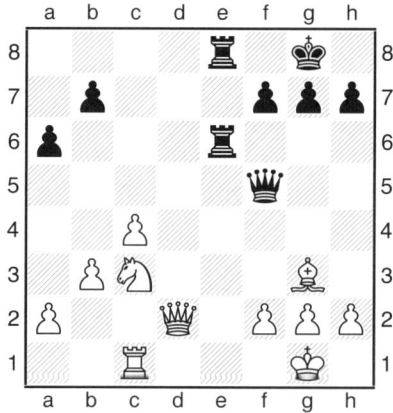

D3 nSchwarz zieht

Das "Allheilmittel" vieler Schachfreunde ist ein frühzeitiges Luftloch, meistens h3(h6). Aber auch das rettet nicht immer, wie *D4* zeigt.

1.♕c6xd7 ♖d8xd7 2.♖e1–e8+ ♔g8–h7 *(D4)* **3.♖c1–c8** Nur durch ein Damenopfer kann Schwarz das drohende Matt 4.♖e8–h8 vermeiden, steht aber nach

3...♕g5–c1+ 4.♖c8xc1 auf Verlust.

3...♔h7–h6 ändert nichts an 4.♖e8–h8#;

3...♖d7–d8 4.♖e8xd8 (Eine letzte Falle: 4.♖c8xd8?? ♕g5–c1+ nebst Matt), aber mit 4...♕g5xd8 5.♖c8xd8 gewinnt Weiß.

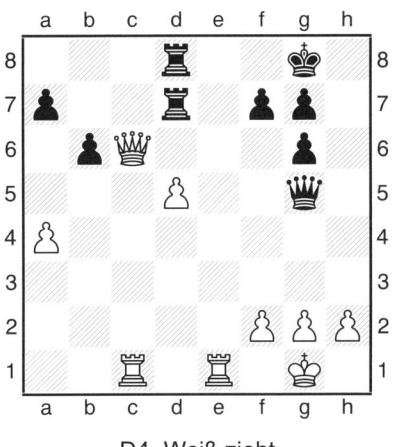

D4 Weiß zieht

Natürlich ist dies eine Ausnahmestellung, in der einige ungewöhnliche taktische Gegebenheiten zusammentreffen, etwa der Doppelbauer und die unglücklich auf g5 postierte eigene Dame.

Grundsätzlich spricht auch nichts gegen ein Luftloch h3(h6), jedoch sollte man diesen Zug nicht zu früh (und vor allem nicht auf Kosten der allgemeinen Entwicklung) machen, sonst überlässt man vielleicht dem Gegner die Initiative, zumindest aber ein wichtiges Tempo und schafft im Falle eines gegnerischen Rochadeangriffs eine Angriffsmarke, die partieentscheidend sein kann.

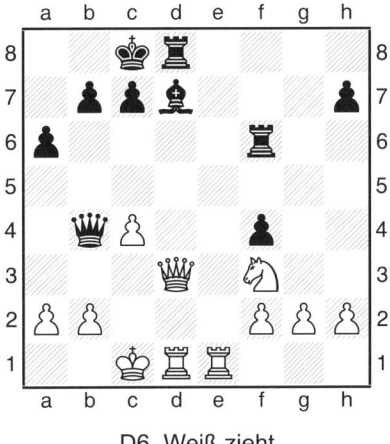

D5 nach ♔g8–h7

Eine Schwäche der Grundreihe muss keineswegs offensichtlich sein. Und sie muss auch nicht andauernd sein. Oft reicht es, für einen einzigen Zug einen Verteidiger der Grundreihe wegzulocken – und schon ist es passiert. In der Stellung von *D6* scheint die Grundreihe ausreichend verteidigt, sogar das Feld e7 ist gedeckt. Eigentlich sollte nichts schiefgehen können, aber:

1.♕d3xd7+ ♖d8xd7 Nur einen Moment weg und schon folgt **2.♖e1–e8+ ♖d7–d8 3.♖d1/♖e8xd8#**

D6 Weiß zieht

Auf die 3.(6.) Reihe vorgestoßene Bauern bringen den König häufig in arge Schwierigkeiten, da sie seine Fluchtfelder blockieren und manchmal die Grundreihe zu einer Todesfalle machen. In solchen Stellungen kann der Angreifer auch großzügig opfern.

In *D7* geschah:

1...f4–f3+ 2.♔g2–g1 [2.♔g2–g3 ♛d3xf1]

2...♛d3xf1+ Die Dame eliminiert den einzigen Verteidiger der Grundreihe. Bf3 blockiert alle Fluchtfelder und das Ende kommt sogleich: **3.♔g1xf1 ♜d8–d1#**

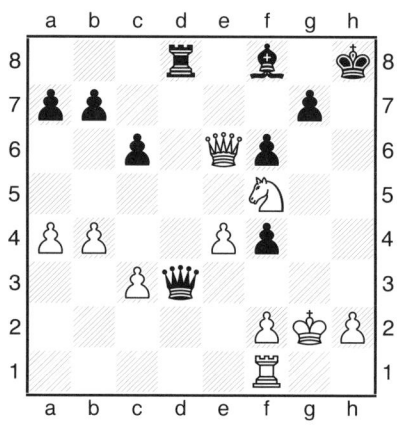

D7 Schwarz zieht

Operationen auf der 7.(2.) und 8.(1.) Reihe sind oft eng miteinander verknüpft. Besonders das Motiv wechselseitiger Weglenkung, bei dem sich vier Schwerfiguren gegenüberstehen, geht von einer vom Angreifer besetzten 7.(2.) Reihe aus.

In *D9* kommt die Dame ihrem einsamen Turm auf der 7.Reihe wirkungsvoll zur Hilfe:

1.♕c2–c4+ ♔g8–h8 2.♕c4–f7

Der kritische "Viererpack" ist erreicht und welcher Turm auch schlägt, sein Kollege wird jeweils mit Matt geschlagen.

2...♜f8xf7 3.♜e7xe8+ ♜f7–f8 4.♜e8xf8#

2...♜e8xe7 3.♕f7xf8#; oder

2...♜e8–d8 3.♕f7xg7#; und auch Wegziehen hilft nicht: **2...♜f8–g8 3.♜e7xe8** nebst Matt

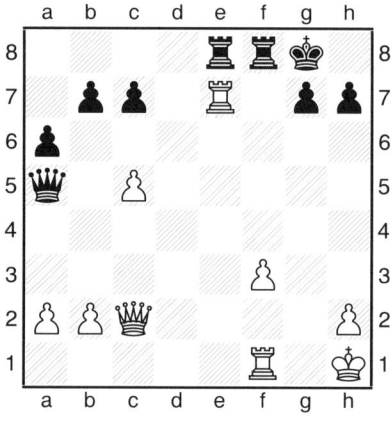

D8 Weiß zieht

Einen Schwenk vom horizontalen Angriff auf der 7.Reihe zu einem vertikalen Angriff Richtung Grundreihe sehen wir in *D9*.

Weiß steht bereits besser. Dies ist leicht einsichtig, denn wenn man mit Schwerfiguren in die gegnerische Stellung eingedrungen ist und von der 7.Reihe her wichtige Felder kontrolliert oder bedroht, ergibt sich fast automatisch vorteilhaftes Spiel.

1.♜f7xg7+ ♞e6xg7 2.♕a7–f7+ ♔g8–h8 3.♕f7–f8+ ♜c8xf8 4.♜f1xf8# Eine Art Stickmatt war das Ziel des weißen Angriffs!

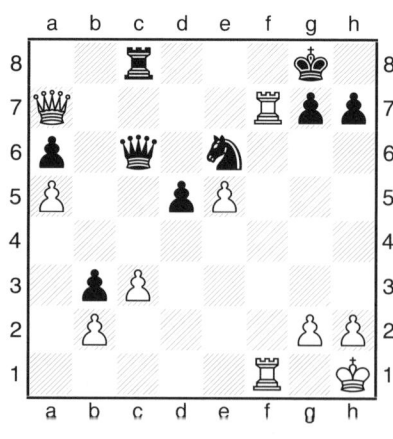

D9 Weiß zieht

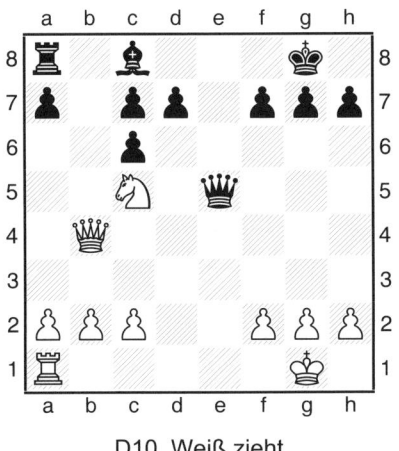

D10 Weiß zieht

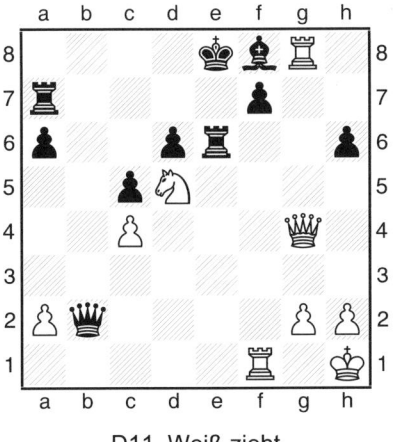

D11 Weiß zieht

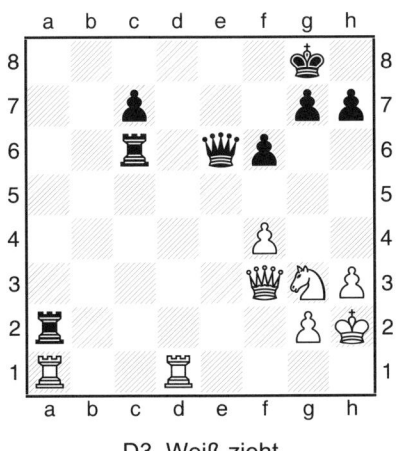

D3 Weiß zieht

Zum Abschluss noch einige Beispiele für Grundreihen-Kombinationen:

D10 Der schwarze Läufer ist eingeklemmt und blockiert auch noch den Turm. Damit ist die Grundreihe schwach – aber wie kann Weiß das ausnutzen?

1.Ra1–e1 und Schwarz muss die Dame geben oder verliert sonst sofort durch **1...We5–f6 2.Re1–e8#**

Lehrbeispiel

Da sieht man, was ein Entwicklungsproblem bewirken kann!

Hier scheint es keine großen Aktionen auf der Grundreihe zu geben, aber das wird sich gleich ändern:

1.Wg4xe6+ f7xe6 Die beiden Türme auf der 7. und 8.Reihe sind so stark, dass Weiß sich das Damenopfer leisten kann.

2.Rg8xf8+ [Oder ebenso 2.Rf1xf8+ Ke8–d7 3.Rf8–d8+ Kd7–c6 4.Rd8–c8+ Kc6–d7 5.Rg8–d8#]

**2...Ke8–d7 3.Rf1–f7+ Kd7–c6
4.Rf8–c8+ Ra7–c7 5.Rc8xc7#**

Firman - Lemmers, Bukarest 2003

D12 Die Psychologie spielt eine große Rolle bei vielen "Reinfällen auf der Grundreihe". Der König scheint optisch sicher zu stehen, aber der Schein trügt manchmal, so auch in *D12*:

1.Rd1–d8+ Kg8–f7

Schwarz hat die kleine Diagonale e8–h5 sträflich vernachlässigt und so folgt

2.Wf3–h5+ g7–g6

[2...Kf7–e7 3.Wh5–e8#] **3.Wh5xh7#**

Portela - Capablanca, Simultan Havanna 1909

76 Letzte Rettung PATT!

"Patt, Sir", soll ein Engländer höflich zu seinem Gegner gesagt haben, der ihn gerade Patt gesetzt hatte. Und daraus soll der Begriff "Pat(t)zer" entstanden sein. Nun, diese Geschichte ist vermutlich bloß erfunden, und wenn nicht, wäre damit eine gewisse Ungerechtigkeit verbunden, denn nicht jedes Patt ist das Ergebnis eines patzerhaften Spiels. Es gibt viele Situationen, in denen selbst bei großer Überlegenheit ein Patt unvermeidlich ist.

Das Endspiel Dame gegen c- oder f-Bauer ist dafür typisch. Statt den Bauern durch 1...♔b1-c1 zu verteidigen, kann Schwarz einfach **1...♔b1-a1** ziehen und nach **2.♕b3xc2** ist er Patt. Nur wenn der weiße König in der Nähe ist, kann dieses Endspiel gewonnen werden.

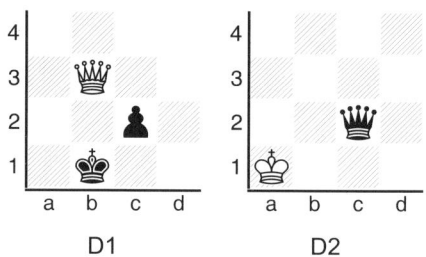

D1   D2

"Ich mache dir ein Angebot, dass du nicht ablehnen kannst", könnte hier Weiß sagen und **1.♕f8-f2** ziehen.

Und wenn Schwarz das Angebot nicht durch **1...♕e3xf2** annimmt und damit Patt setzt, wird es ihm ziemlich schlecht gehen, denn dann geht erst seine Dame und dann die Partie verloren. Dieses Angebot machte übrigens nicht der Pate, sondern Meister **Pilnik** gegen **Samuel Reshevsky**, den damals besten Spieler der USA. So geschehen bei der **US-Meisterschaft 1942**.

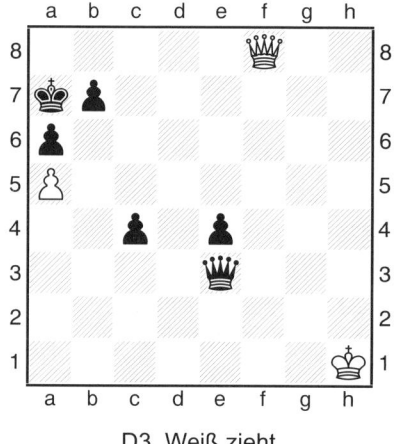

D3 Weiß zieht

Dies ist <u>die</u> Pattsituation allgemein; einer der Spieler hat noch eine letzte Figur und opfert diese. Aber Patt kann auch in sehr viel komplexeren Situationen mit sehr viel mehr Holz auf dem Brett vorkommen.

In der Stellung von *D4* würde kaum jemand ein Patt erwarten. Aber nach

1.d5-d6 e7xd6 2.♔e4-d3 d6-d5 3.a4-a5 ♗h2xg3 4.a5-a6 ♗g3-b8 5.a6-a7

muss der Läufer den Freibauern schlagen und setzt so mit **♗b8xa7** Patt! Ist dies das Werk eines Patzers? Wohl kaum. Also bitte mehr Respekt vor einem cleveren Patt!

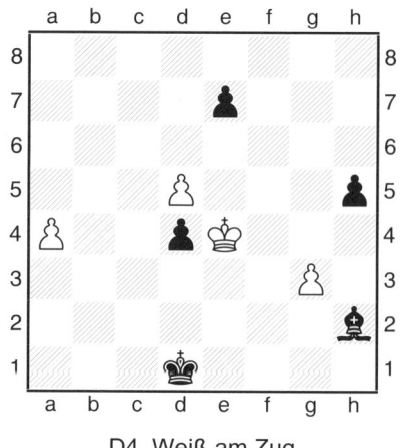

D4 Weiß am Zug

Nachfolgend eine kleine Sammlung von Patt-Stellungen, die dem Leser einen Eindruck von der Vielfalt dieser Sondersituation geben. Aus Platzgründen kann leider jeweils nur ein Diagramm gezeigt werden, so dass es sich empfiehlt, diese Stellungen am Brett nachzuspielen.

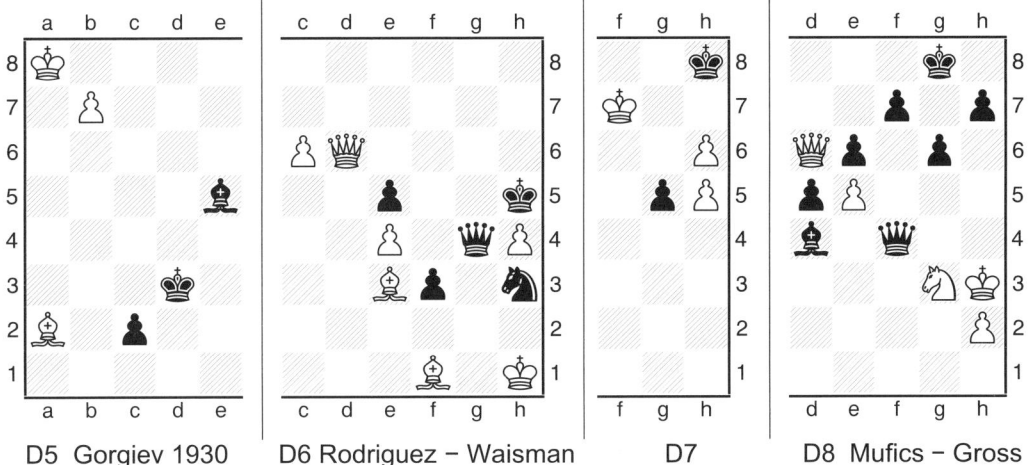

D5 Gorgiev 1930   D6 Rodriguez – Waisman   D7   D8 Mufics – Gross

D5 **1.b7–b8♕** **♗e5xb8** und der weiße Läufer kann die Umwandlung nicht mehr stoppen, aber auf ein anderes Feld umlenken: **2.♗a2–b1 c2xb1♕** Patt! Warum auch eine Umwandlung verhindern, die so gelegen kommt!
Studie von Georgiew, 1930

D6 Weiß steht drückend überlegen – einfach zu gut!
1...♘h3–f2+ 2.♗e3xf2 ♕g4–h3+ 3.♔h1–g1 [3.♗f1xh3 Patt] **3...♕h3–g4+ 4.♔g1–h2 ♕g4–h3+! 5.♔h2–g1 ♕h3–g4+**
Weiß will das Angebot einfach nicht annehmen. Macht nichts, dann eben Remis durch Dauerschach. Dies ist oft die Alternative zum Patt, was im Ergebnis natürlich aufs gleiche hinauskommt.
Rodriguez - Waisman, Bukarest 1974

D7 Der schwarze Freibauer eilt siegessicher zum anderen Brettrand – vergebliche Mühe! **1.♔f7–f6 g5–g4 2.♔f6–g6 g4–g3 3.h6–h7 g3–g2 4.♔g6–h6** Der König hat sich eine sichere Höhle gegraben und Weiß ist in Zugzwang. **4...g2–g1♕** Patt!
Lehrbeispiel

D8 Wenn die Not am größten, sollte man Caissa vertrauen – und eine rettende Pattidee haben! Und das hilft hier dem Weißen, dessen Remisangebot als Scherz abgetan wurde:
1.♕d6–d8+ ♔g8–g7 2.♘g3–h5+ g6xh5 3.♕d8–g5+ ♕f4xg5 PATT!
Mufics - Gross, Tapolca 1981

77 Wunschdenken

Weiß hatte schlau seine Remischance erspäht, nämlich:

1.♖a3–b3 und erwartet frohgemut ♖b4xb3+
2.♔b2xb3 *(D2)* und Weiß hält die Opposition
und die Partie wird Remis.

Dummerweise ist jedoch der Gegner nicht gezwungen, unsere Wunschzüge zu machen.
Und so entschied sich Schwarz für den Zwischenzug **1...♔b5–a5** *(D3)* oder jeder andere
Königszug, solange er nur den Turm deckt,
und jeder weiße Zug verliert, z.B.

A) 2.♖b3xb4 ♔a5xb4 *(D4)* **3.♔b2–a2**
♔b4–c3 (3...b6–b5? 4.♔a2–b2 =) **4.♔a2–a1**
♔c3–b3 und Schwarz hat die
elementare Gewinnposition "König vor dem eigenen Bauern auf
der 6.(3.) Reihe erreicht.

4...b6–b5 kommt zum gleichen
Ergebnis: 5.♔a1–a2 b5–b4
6.♔a2–b1 ♔c3–b3 7.♔b1–c1
♔b3–a2 usw.)

B) 2.♔b2–a3/c3 *(D5)* ♖b4xb3+
3.♔c3xb3 ♔a5–b5 und nun hat
Schwarz die Opposition und gewinnt.

Wieder hat sich die Bedeutung
der Opposition gezeigt.

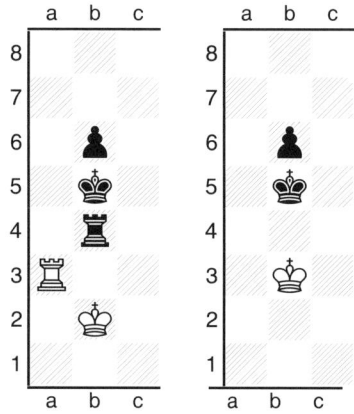

D1 Weiß zieht   D2 2.♔b2xb3

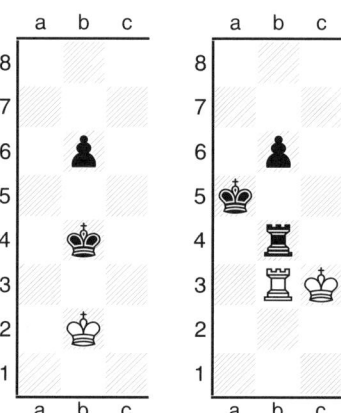

D3 ♔b5–a5   D4 2...♔a5xb4   D5 2.♔b2–c3

Kleiner Ratschlag: Fehler und wie wir an ihnen wachsen

Man sollte nach verlorenen Partien den Fehler bei sich selbst suchen, nicht
Nebensächlichkeiten oder Andere dafür verantwortlich machen!

Dann sollte man versuchen, die Ursache für den Fehler zu finden.

War es ein Fehler im Verhalten (zu schnell gezogen, zu oberflächlich gerechnet, Wunschdenken, ...) oder war mangelndes Wissen die Ursache?

Gegen beides kann (und muss!) man etwas unternehmen und konsequent
diese Fehler und vor allem ihre tieferen Ursachen bekämpfen.

Wer das tut, wird nicht nur besser Schach spielen, sondern auch im tägli-
chen Leben, im Studium oder Beruf besser und erfolgreicher sein!

78 Das Loch auf g7 und seine Folgen

1.e2–e4 c7–c5 2.♘g1–f3 ♘b8–c6
3.♗f1–b5 *(D1)* Sizilianisch. Weiß entwickelt schnellstmöglich seinen Königsflügel, um zur Rochade zu kommen. Auf a7–a6 müsste der Läufer entweder auf c6 abtauschen oder sich zurückziehen, denn beim Rückzug ♗b5–a4 sitzt er in der Falle *(siehe "Die Spanische Flügelzange")*.

3...g7–g6 4.0–0 ♗f8–g7 5.c2–c3 e7–e5
6.d2–d4 *(D2)*
Ein Vorstoß, der scheinbar einen Bauern kostet, aber Weiß hat noch einen "Trick" in petto:

6...e5xd4 7.c3xd4 ♘c6xd4 8.♘f3xd4
c5xd4 9.e4–e5

Das ist die trickreiche Idee! Der Be5 kann nicht geschlagen werden, denn die Fesselung mit ♖e1 würde den Läufer kosten.

9...♘g8–e7

[9...♕d8–b6 könnte zwar den Bd4 verteidigen, aber auf Dauer gewinnt Weiß ihn doch. Schwarz steht einfach zu wenig entwickelt, um chancenreich um den Bauern kämpfen zu können]

10.♗c1–g5 0–0 11.♕d1xd4 ♘e7–c6 *(D3)*
Schwarz versucht sich zu befreien oder abzutauschen. Natürlich kann sich Weiß nicht darauf einlassen, denn 12.♗g5xd8 ♘c6xd4 13.♗b5–a4 ♖f8xd8 14.♘b1–c3 ♗g7xe5 würde eine Figur kosten. Zudem hat Weiß Raumvorteil und engt die schwarzen Figuren vorübergehend ein, was sich durch Abtausch verflüchtigen würde. Abtausch begünstigt meist den Verteidiger, da die taktischen Möglichkeiten und Verknüpfungen reduziert werden. Der Angreifer ist also gut beraten nur zu tauschen, wenn er einen konkreten Nutzen davon hat, etwa, einen wichtigen Verteidiger auszuschalten.

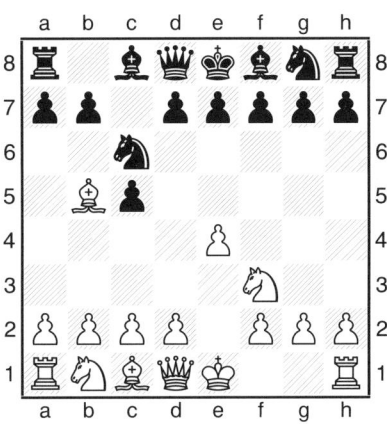

D1 nach 3.♗f1–b5

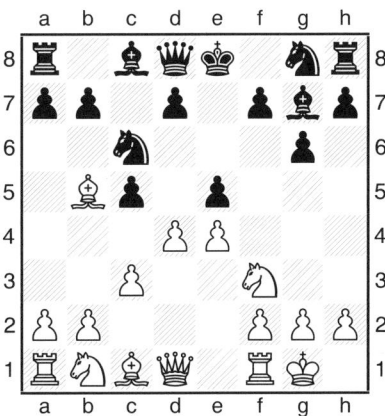

D2 nach 6.d2–d4

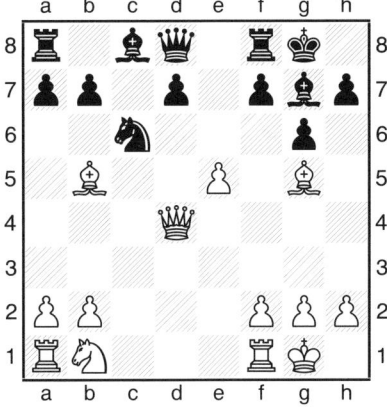

D3 nach 11...♘e7–c6

12.♕d4–h4 ♕d8–b6 13.♘b1–c3 ♗g7xe5 14.♖a1–e1 *(D4)*

Schwarz sollte mit 14...♗e5–g7 wieder zurückziehen und die Stellung wäre etwa ausgeglichen. Es ist fast immer ein Risiko, den Fianchettoläufer abzutauschen, wenn der Gegner noch den entsprechenden Läufer und die Dame auf dem Brett hat. Das Loch auf g7 schreit förmlich nach einem Matt mit Dame und Läufer oder Dame und eventuell vorrückendem f– oder h–Bauern! Daher wäre hier ein Rückzug kein Tempoverlust, sondern die richtige strategische Vorgehensweise.

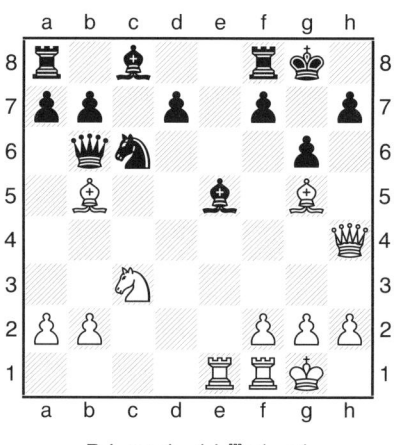

D4 nach 14.♖a1–e1

14...♗e5xc3 dagegen ist ein sehr schlechter Zug. Schwarz hoffte, den nach dem Abtausch ungedeckten ♗b5 zu gewinnen, übersah aber völlig die Löcher in ihrer Königsstellung.

15.b2xc3 ♕b6xb5 16.♕h4–h6 ♕b5–f5 *(D5)* Verhindert 17.♗g5–f6 nebst Matt.

Aber dieses Mattmotiv war nicht die einzige Drohung:

17.♕h6xf8+ ♔g8xf8 18.♗g5–h6+

Der König wird zurückgezerrt und e8, der Eingang zur Grundreihe, ist nun unbewacht:

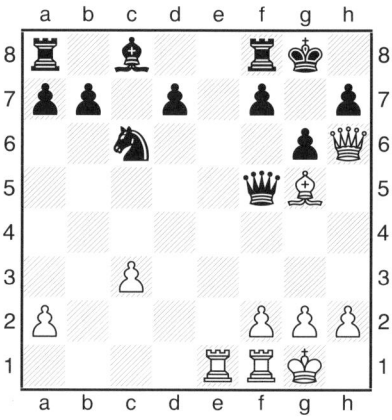

D5 nach 16...♕b5–f5

18...♔f8–g8 19.♖e1–e8# *(D6)*

Für diese Partie erhielt Wundermädchen Judith Polgar den Schönheitspreis der Frauen–Olympiade (eine Großveranstaltung mit zahlreichen interessanten Partien!) und den Sonderpreis einer großen Schachzeitung.

Und dabei handelt es sich eigentlich um eine Theorievariante und das Opfer ist wohl nett, aber nichts wirklich Besonderes, zumal die Gegnerin sehr schwach spielte.

Nun ja, Schönheit liegt eben im Auge des Betrachters!

Polgar,Jud. – Angelova, Frauen–Olympiade Thessaloniki 1988

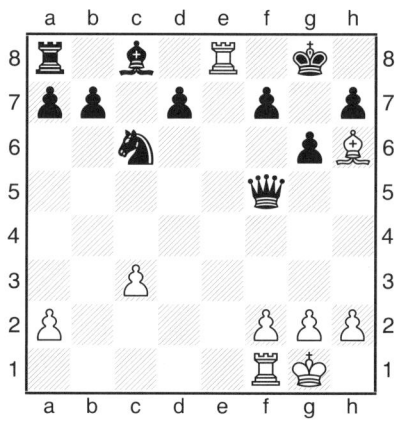

D6 nach 19.♖e1–e8#

79 Und zum Schluss der Durchblicker – Test

Wer am Zug ist? Wird nicht verraten. Vielleicht Weiß, vielleicht Schwarz, vielleicht auch beide. Schließlich gibt es Stellungen, wo jeder der Spieler gewinnen könnte.

Was los ist? Wird nicht verraten. Vielleicht Matt, vielleicht Materialgewinn, wer weiß das schon so genau?

In wie vielen Zügen wird die Aufgabe gelöst? In so vielen wie nötig, ist doch wohl klar. Nicht mehr und nicht weniger.

Und mit dieser ausführlichen Einweisung wird der Leser sich jetzt über die 10 folgenden Aufgaben hermachen, sich einen Eindruck von der Lage bilden und eine (oder mehrere) Lösungen finden. Viel Spaß & Durchblick!

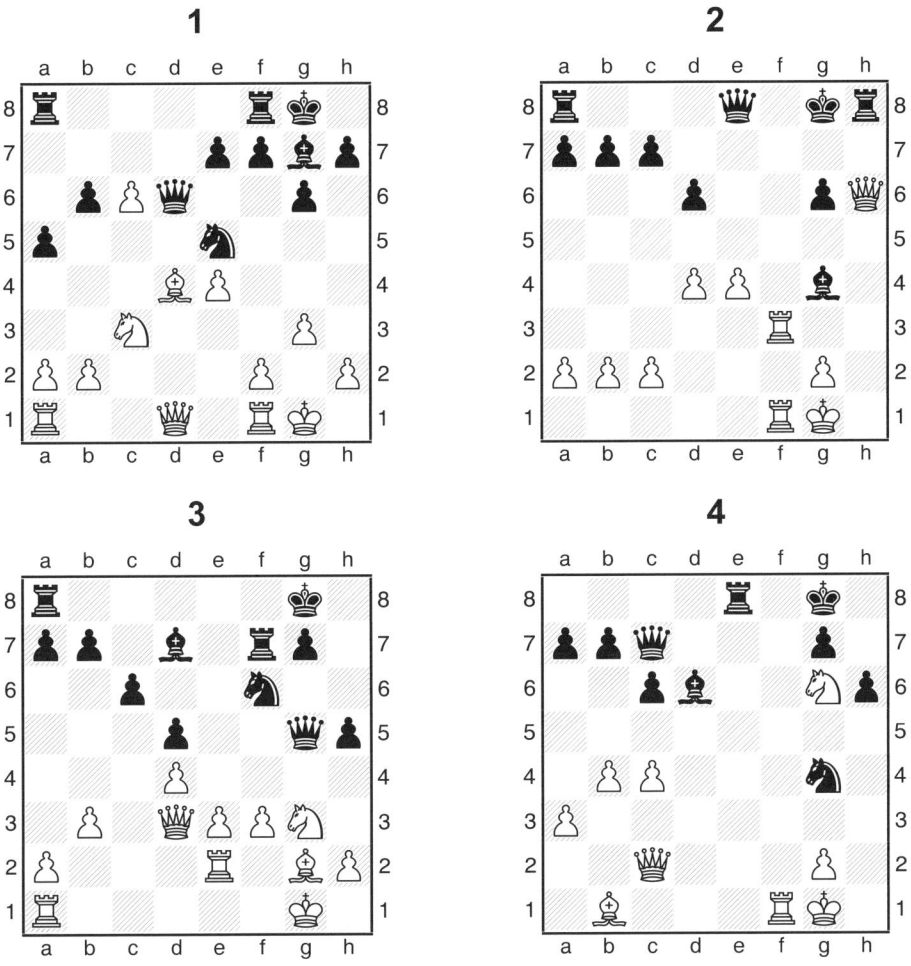

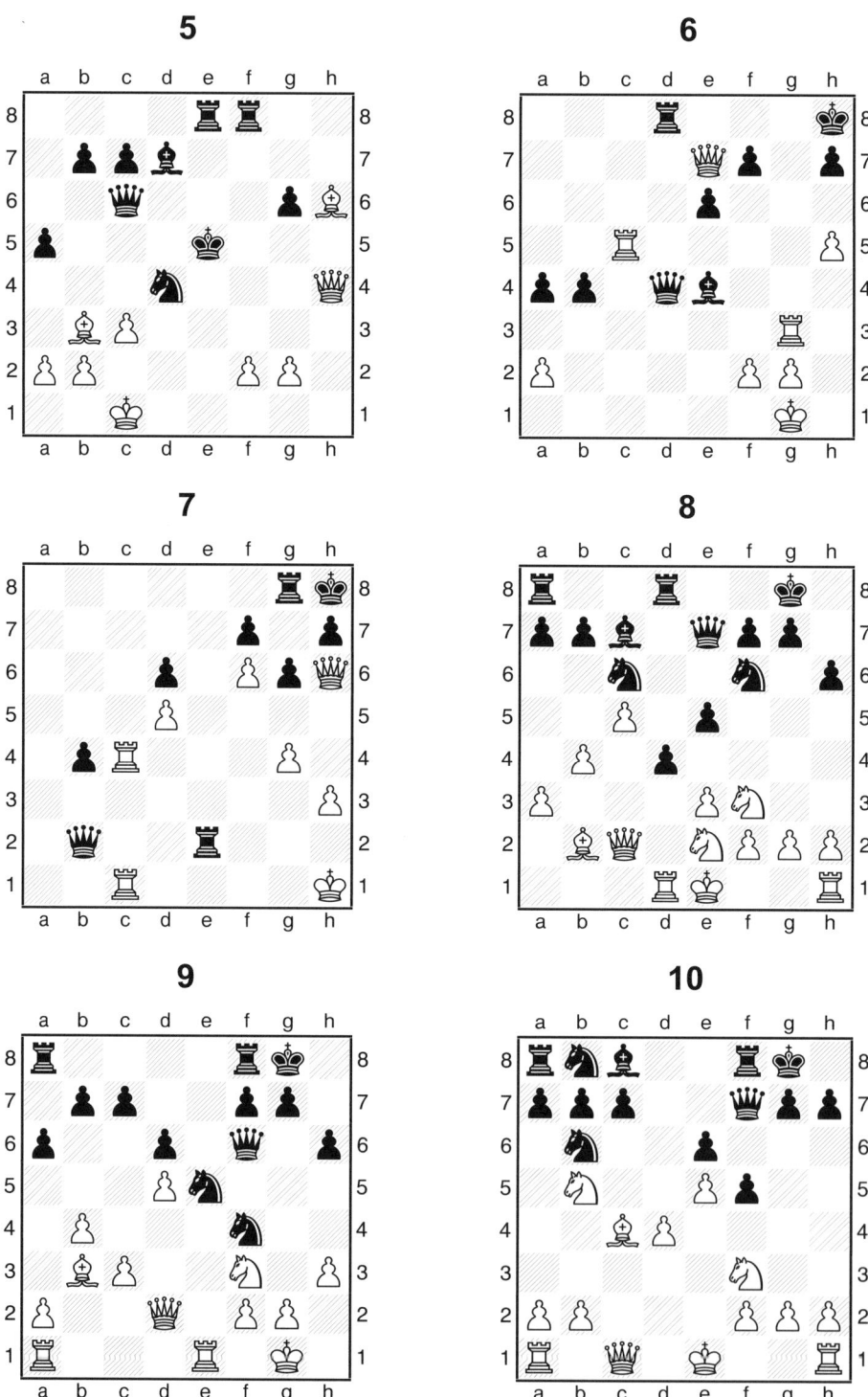

79a Lösung

1	Schwarz am Zug gewinnt eine Figur durch Hinlenkung und Springergabel: **1...♕d6xd4 2.♕d1xd4 ♘e5-f3+**
2	**1.♖f3-f8+ ♕e8xf8 2.♖f1xf8+ ♖a8xf8 3.♕h6xg6#** Das "Epaulettenmatt", ein echter Klassiker!
3	Schwarz am Zug gewinnt eine Figur mit Hilfe der Fesselung: **1...h5-h4 2.♘g3-f1 h4-h3 3.♘f1-g3 h3xg2**
4	Wer zieht gewinnt: *Weiß* durch **1.♘g6-e7+ ♔g8-h8 2.♕c2-h7#** *Schwarz* durch **1...♗d6-c5+ 2.b4xc5 ♕c7-h2#** Beide müssen eine Figur loswerden, um zum simplen Matt zu kommen.
5	Der König in der Brettmitte ist chancenlos gegen Dame und Läuferpaar: **1.♕h4xd4+ ♔e5-f5 2.♕d4-f4#** oder **2.g2-g4#**
6	**1.♖c5-d5** mit Damengewinn oder Matt: ***1...♖d8xd5** 2.♕e7-f8#; **1...♕d4xd5** 2.♕e7-f6#;* oder ***1...♕d4-a1+** 2.♔g1-h2 ♖d8-c8 (2...♖d8-g8 3.♖g3xg8+ ♔h8xg8 4.♖d5-d8+ ♔g8-g7 5.♕e7-g5+ ♗e4-g6 6.h5-h6#) 3.♖d5-d8+ ♖c8xd8 4.♕e7xd8*
7	Wer zieht gewinnt: Schwarz gewinnt ganz einfach: **1...♖e2-h2+ 2.♔h1-g1 ♕b2-g2#** Weiß dagegen muss einiges an Technik aufbringen: **1.♕h6-g7+ ♔g8xg7 2.♖c4-c8+ ♖g7-g8 3.♖c8xg8+ ♔h8xg8 4.♖c1-c8+ ♖e2-e8 5.♖c8xe8#**
8	Mit einer doppelten Gabel gewinnt Schwarz: **1...d4-d3** Gabel No.1) **2.♖d1xd3 ♖d8xd3 3.♕c2xd3 e5-e4** (Gabel No.2) mit Figurengewinn.
9	**Weiß** kann mit **1.♘f3xe5** ein Problem lösen, aber das hindert Schwarz nicht daran, in die Ausgangsstellung zur tückischen Abzugsfalle mit **1...♕f6-g5** zu gelangen. **2.♘e5-g4 ♘f4xh3+:** [oder aber 2.g2-g3 ♘f4xh3+ 3.♔g1-h2 ♕g5xd2] Der etwas ungewöhnlich anmutende Zug *1.♖e1-e3* ist noch das kleinere Übel: 1...♘f4xh3+ 2.♔g1-f1 ♘h3-f4 und nur Bauernverlust] *Schwarz* gewinnt mit: **1...♘e5xf3+ 2.g2xf3 ♕f6-g5+ 3.♔g1-h1** oder beliebig und **3...♕g5-g2#**
10	Weiß kann unbesorgt **1.♘b5xc7** spielen und zumindest die Qualität gewinnen, denn auf **1...♕f7xc7?** gewinnt das Abzugsschach **2.♗c4xe6+ ♗c8xe6 3.♕c1xc7** sonst sogar die Dame.

Weitere Titel, die im Schachverlag Ullrich erschienen sind oder in Kürze erscheinen werden:

Heinz Brunthaler: **Schach-Lehrbuch für Kinder & Eltern**

- vom Anfänger zum ersten Turnier.

Ein Lehrbuch für Eltern, Großeltern oder Verwandte, die nur Grundkenntnisse des Schachspiels haben und ihre Kinder unterrichten oder mit ihnen gemeinsam Schach lernen wollen. Besonders einfache, neue Lehrmethode.

Format ca. 17,5 x 24,5 cm, 215 S., Hardcover

Heinz Brunthaler (Hrsg.): **Schach - Taktik mit Dr.Tarrasch**

Der Taktik-Kurs aus Dr.Tarraschs berühmtem "Lehrbuch des Schachspiels" in moderner Form.

128 Seiten im Großformat ca. 17 x 24 cm

Heinz Brunthaler (Hrsg.): **Mein System** – *easy*

Aaron Nimzowitschs klassisches Lehrbuch des Positionsspiel in gestraffter und modernisierter Form.

Großformat ca. 17 x 24 cm, 160 Seiten Flexicover

Heinz Brunthaler: *365 x Schachtaktik* – *Eine Aufgabe für jeden Tag des Jahres*

365 x Schachtaktik - Für Einsteiger

365 x Schachtaktik - Für Klubspieler

365 x Schachtaktik - Für Experten

365 x Schachtaktik - Für Meisteranwärter

Heinz Brunthaler: *365 x Endspiel* – *Eine Aufgabe für jeden Tag des Jahres*

365 x Endspiel - Für Einsteiger

365 x Endspiel - Für Klubspieler

365 x Endspiel - Für Experten

Alle Bände beider Reihen jeweils 128 Seiten, Flexicover im Großformat ca. 17 x 24 cm mit 365 Aufgaben, eine für jeden Tag des Jahres.

Heinz Brunthaler: *Das TEAM* - *Der TrainingsRoman*

Eine Saison einer Jugendmannschaft mit Höhen und Tiefen und Erfolg und Frust der jungen Spieler. Partien, Stellungen und Endspiele sind in den Text eingebettet und machen das Geschehen auch schachlich lebendig.

Format ca. 17 x 24 cm, 160 S. Flexicover